Sexo Zen

O caminho do sexo

禪

24-03-2002

Sexo Zen

O caminho do sexo

禪

Philip Toshio Sudo

SEXTANTE

Título da edição original em inglês: *Zen Sex*
Publicado originalmente por HarperCollins Publishers

tradução
Heloisa Lanari

preparo de originais
Regina da Veiga Pereira

revisão
José Tedin Pinto
Sérgio Bellinello Soares

capa
Jim Warner

diagramação
Valéria Teixeira

fotolitos
Mergulhar Serviços Editoriais Ltda.

impressão e acabamento
Geográfica e Editora Ltda.

CIP-BRASIL. CATALOGAÇÃO-NA-FONTE.
SINDICATO NACIONAL DOS EDITORES DE LIVROS, RJ.

S94s Sudo, Philip Toshio
Sexo Zen / Philip Toshio Sudo ; tradução Heloisa Lanari –
Rio de Janeiro : Sextante, 2001

Tradução de: Zen sex
ISBN 85-86796-94-8

1. Educação sexual – Aspectos religiosos – Zen-budismo.
2. Sexo – Aspectos religiosos – Zen-budismo. I. Título.

01-1188. CDD 613.96
CDU 613.88

Editora Sextante (GMT Editores Ltda.)
Av. Nilo Peçanha, 155 – Gr. 301 – Centro
20020-100 – Rio de Janeiro – RJ
Tel.: (21) 2524-6760 – Fax: (21) 2524-6755
Central de Atendimento: 0800-22-6306
E-mail: atendimento@esextante.com.br
www.esextante.com.br

Para Tracy

e nossos milagres

Naomi

Keith

Jonathan

愛

Sumário

O que é sexo zen?

Um monge amante do sexo, você reprova!

Fogoso e ardente, excitadíssimo.

Mestre Zen Ikkyu Sojun (1394-1481).

Introdução

Bem-vindo ao caminho do sexo zen. Pode entrar e, por favor, deixe a porta aberta para que muitos outros venham.

Meu nome é Philip Toshio Sudo e escrevi este livro para aqueles que desejam duas coisas: aprofundar-se no zen através do sexo e ter o melhor sexo possível.

Na vida há muitos caminhos para se atingir a verdadeira sabedoria. *Zen* é um deles.

Sexo é outro.

Sexo zen é o encontro desses dois caminhos.

Ao se depararem com o termo *sexo zen*, muitos leitores se perguntarão o que pode haver de zen em relação ao sexo. Zen deve ser sereno, tranqüilo, plácido, como um jardim ao entardecer. Imagine só! *Será que é sexo minimalista? Transar sem se mexer?* Soa estranho.

Como é que o *sexo* pode ser *zen*?

Este livro explica que o sexo zen existe e é absolutamente revolucionário. *Para dizer a verdade, é o melhor sexo que você pode ter.*

Como chegar a ele e que significado ele terá em sua vida é o que este livro vai lhe mostrar.

Vivemos numa época obcecada por sexo. O sexo virou política, crime, sensacionalismo e diversão. Há hoje toda uma indústria em torno do sexo. As mensagens são as mais confusas: Sexo é imoral. Sexo é sujo. Sexo é perigoso. Se o seu sexo não for sensacional, freqüente, acrobático e cheio de orgasmos múltiplos, deve haver alguma coisa errada com você, e certamente existe uma revista/produto/estilo de vida capaz de resolver seu problema.

Mas há uma verdade simples e essencial perdida no meio de toda essa asneira:

O sexo é sagrado.

Porque, enquanto nos preocupamos com detalhes ligados ao sexo – quem faz o que com quem, quantas vezes, em que posições, conseguindo quantos orgasmos –, nós nos esquecemos de uma coisa fundamental: o sexo nos conecta essencialmente à fonte da Criação. Todos começamos como uma combinação de espermatozóide com óvulo, da união entre um homem e uma mulher.

O sexo, portanto, no que tem de melhor, nos leva de volta a esse começo, indo muito além da mera satisfação de nossos desejos epidérmicos e revelando nossa dimensão divina de criadores. O prazer experimentado no sexo pode atingir seu auge ao tornar-se uma busca espiritual tão profunda e inebriante quanto um ritual religioso, cada ato e cada gesto simbolizando e expressando a origem da vida.

Tal como o sexo, o estudo do zen nos leva de volta às nossas origens. Ele afirma que somos capazes de atingir a fonte divina que existe no mais íntimo de nós mesmos e, ao fazermos isso, transcender os limites do espaço e do tempo. Experimentar o mais completo êxtase.

Dizer que o zen não tem nada a ver com sexo seria o mesmo que dizer que o sexo não é natural. Nada pode estar mais longe da verdade. O sentido do zen é permitir que a natureza se expresse através de todos os nossos atos, quaisquer que sejam, da mesma forma como as flores da cerejeira desabrocham naturalmente em cada primavera.

Zen

Mas os monges não são celibatários e castos?

Na verdade, os monges tipicamente zen-budistas renunciam ao sexo como se fosse um desejo mundano a ser transcendido. Através do budismo, obedecem a um sistema de limites e regras como caminho para o zen. Ao entrarem para o mosteiro fazem rigorosos votos ascéticos como uma forma de autopurificação.

Contudo, o zen "puro" não está ligado a nenhuma prática religiosa ortodoxa. Um dos mestres zen mais reverenciados na história, Ikkyu Sojun (1394-1481), zombava das regras dos mosteiros e de suas abstinências extremas. Em diversos poemas, ele cantou louvores ao vinho e ao amor carnal, às amantes e aos bordéis. Eis um exemplo famoso de sua poesia:

Dez dias
No mosteiro
Deixaram-me inquieto.
O fio vermelho
Nos meus pés
É longo e não está partido.
Se algum dia você vier
À minha procura,
Pergunte por mim na peixaria,
Na taverna
Ou no bordel.

Para Ikkyu, suprimir as relações entre homens e mulheres com o intuito de atingir a iluminação não faz sentido. Ninguém pode vir ao mundo sem ter sido concebido por um homem e uma mulher, dizia ele. Estamos ligados ao sexo pelo "fio vermelho" do sangue no parto. O fio vermelho, longo e inteiro, vai até a origem do ser. Somos feitos de sexo. Este fato deve ser acolhido e não evitado, dizia Ikkyu.

Ele circulava pela zona boêmia vestindo a túnica dos sacerdotes para exprimir que entre espiritualidade e sexo não há qualquer contradição, mas uma profunda complementação:

Eu sou prestigiado como um general do zen,
Saboreando a vida e desfrutando o sexo em sua totalidade!

Cada momento, seja fazendo sexo ou meditando em silêncio, nos proporciona uma oportunidade para a realização do zen, dizia Ikkyu. Deixe que tudo, qualquer coisa, seja sua fonte de absorção, pois a verdade zen se aplica a todas as coisas, em todos os instantes. Não importa como você chegue ao zen – dirigindo o carro, arrumando as flores no vaso, lutando caratê, tocando violão, fazendo amor –, o caminho em direção à iluminação é o mesmo. Nas palavras de Ikkyu:

Muitos caminhos partem
Do sopé da montanha,
Mas no cume
Todos nós contemplamos
A mesma lua brilhando.

Desperte para a verdade. Não importa como nem onde. O sexo oferece uma extraordinária oportunidade de iluminação.

Quero deixar bem claro que este livro não é um *Kama Sutra* moderno. Ele não vai lhe ensinar antigos segredos nem vai detalhar técnicas sexuais para deixar seu amante ou sua amante enlouquecidos na cama.

Técnicas, posições e exercícios são *informações.* Há várias fontes de informação a seu redor: outros livros, amigos, revistas, vídeos, Internet, etc. O mundo está cheio de informações, e com um pouco de persistência e dedicação você poderá encontrar o que deseja. Mas preste atenção: técnicas são gestos que, se não tiverem conteúdo, se não expressarem o que há de mais intenso no âmago do ser, acabam se tornando repetitivos e tendem a se desgastar sem nos satisfazer.

O que faz o sexo zen instigante não é a promessa de produzir um superorgasmo, mas seu potencial de mexer com nossa cabeça – de mudar o modo como nos vemos, de transformar tanto as nossas relações sexuais quanto nossa relação com o mundo. O que faz do sexo zen o melhor sexo possível não é sua capacidade de satisfazer nossas fantasias, mas sua capacidade de nos envolver tão profundamente que nos esquecemos de tudo e sentimos a extasiante perfeição divina do Amor.

Essa divina perfeição é atingida através do Caminho do Sexo. Este caminho aplica ao sexo os mesmos princípios transcendentais de todas as artes zen. O caminho está disponível a qualquer pessoa – homem ou mulher, jovem ou idoso, casado ou solteiro, *gay* ou hétero. Não requer um parceiro fixo. Pode ser feito em qualquer lugar, a qualquer hora, com qualquer pessoa, pois a verdade zen está sempre presente para todos os que queiram praticá-la. Perceber essa verdade depende exclusivamente de você.

A vida que nos foi dada, o amor que existe dentro de nós, nossa capacidade de êxtase e alegria são manifestações da dimensão divina. Não nos damos conta e vamos vivendo como se tudo isso fosse natural. Nossos sentidos vão ficando embotados e estamos sempre à procura de um elemento excitante fora de nós. No entanto, presente em todo o nosso ser, há uma energia vibrante, uma força sexual de vida. Ela nos deu origem, e nós a manifestamos. Quando nos sintonizamos com essa energia e tomamos consciência dela ficamos absolutamente maravilhados com a sua dimensão e com seu poder de transformar nossa vida e nossa maneira de fazer amor.

No zen qualquer coisa pode tornar-se fonte de meditação: tanto rezar quanto, como prefere Ikkiu, enroscar-se na cama com a pessoa amada. Como ele escreveu:

A brisa de outono de uma única noite de amor é melhor que cem mil anos de meditação improdutiva.

À medida que você for desenvolvendo e aprofundando essa sintonia com a dimensão divina que faz parte do seu ser, poderá levá-la para qualquer atividade. Em outras palavras, o que você aprenderá neste livro poderá ser aplicado a seu trabalho, a suas amizades, a qualquer ação ou gesto do seu cotidiano. Porque, em última instância, o caminho do sexo zen é o próprio caminho da vida.

Neste livro, o Caminho do Sexo foi organizado em três partes: corpo, mente e espírito. Cada uma pode ser identificada pelo seu próprio símbolo – as formas geométricas do quadrado, do triângulo e do círculo. Estas formas foram usadas com base em uma pintura clássica do mestre zen Sengai Gibon (1751-1837), cujo desenho primordial *Círculo, Triângulo, Quadrado* evoca o mistério eterno do zen.

O corpo é simbolizado por um *triângulo*, que representa o templo da nossa forma física.

A mente é simbolizada por um *quadrado*, que representa a caixa da qual nosso pensamento precisa escapar.

O espírito é simbolizado por um *círculo*, que representa sua natureza abrangente, sem início ou fim.

Mas não se engane. O que se aplica a uma parte se aplica igualmente às outras, pois não há divisões no caminho. Para estarmos realmente envolvidos ao fazer amor precisamos estar presentes por inteiro.

Faça amor no sentido mais amplo dessas palavras, sentindo o Poder do Amor em toda a sua glória. Então, na hora do doce descanso, você poderá se recostar em estado de graça, imóvel neste planeta em movimento, respirar fundo e, do íntimo de seu ser, sussurrar no ouvido da pessoa amada:

Eu senti a terra se mover.

os sete caminhos do corpo

O corpo original
Deve retornar
A seu local original.
– Ikkyu.

os caminhos da

Penetração
Aceitação
Toque
Cheiro
Olhos
Boca
Grito

o caminho da penetração

Sussurrando a noite toda mesmo aos sessenta
estou teso dentro dela outra vez e mais outra.

– Ikkyu.

O Caminho da Penetração é conhecido através do ditado zen – "Penetre através da forma, depois saia da forma". Há diversos sentidos para esse ditado.

Em um desses sentidos, o ditado descreve o caminho da arte. Sempre que você for fazer alguma coisa nova, seja pintura, culinária ou as artes do sexo, aprenda primeiro o básico. Você não precisa saber tudo de uma vez. Comece dando pequenos passos e prossiga daí. Depois de ter assimilado as regras de uma forma de arte, você pode "sair da forma" e criar sua própria expressão pessoal.

No sexo, muitas pessoas começam através da masturbação. Antes de fazermos sexo com um parceiro, fazemos com nós mesmos. A masturbação nos introduz aos prazeres do orgasmo e *à sensibilidade* de nossos órgãos sexuais. Ela nos prepara para o mundo mais complexo das relações sexuais. Uma virgem que se masturba *é capaz* de ter centenas de orgasmos antes de fazer sexo com um parceiro, e assim pode ficar mais à vontade sexualmente do que aquela que nunca se masturbou. Para Ikkyu, a masturbação oferece a mesma oportunidade de revelação que o próprio sexo:

Vinte centímetros de rigidez, é disso que mais gosto;
Se estou sozinho à noite, seguro-o todo em minha mão –
Uma bela mulher não o toca há anos.
Dentro de meu fundoshi *(cueca) há todo um universo.*
Com a masturbação começamos a aprender como fazer amor.

Para desenvolver nossa arte na cama podemos recorrer a manuais e fitas de vídeo sobre sexo, seguindo a forma dos outros, experimentando diferentes posições e técnicas. O objetivo final, contudo, é nos tornarmos tão bons nas técnicas que sejamos capazes de transcender as formas e padrões para fazermos, simplesmente, o *que flui* de nossa essência e, por isso, é natural. Esqueça todas as informações, diz Ikkyu, e concentre-se na essência:

Todos os dias sacerdotes examinam minuciosamente o Dharma [ensinamentos zen]
E entoam incessantemente sutras [ditos] complicados.
Antes de fazerem isso deveriam aprender

A ler as cartas de amor enviadas pelo vento e pela chuva,
Pela neve e pela lua.

De forma sucinta, ele diz:

Não hesite, faça sexo, isso é sabedoria.
Ficar sentado entoando, que tolice.

O corpo possui uma sabedoria própria. Através da prática das formas desenvolvemos esta sabedoria, da mesma maneira que os dançarinos e os atletas desenvolvem a memória muscular, até o dia em que simplesmente confiam na sabedoria do corpo e dançam sem pensar. O pensamento só atrapalha a sabedoria do corpo.

Todos nós nascemos dentro de um corpo e ao longo da vida aprendemos a usar e a habitar esse corpo, descobrindo o que lhe dá prazer e como ele se combina com outro corpo. O Caminho da Penetração nos lembra que, no nível mais fundamental, é assim que "penetramos através da forma": na forma de um corpo humano. Nós "saímos da forma" quando o corpo morre e nosso espírito é libertado, ou através de uma realização transcendental, que tanto pode ser uma meditação quanto uma relação sexual com a pessoa que amamos.

Lembre-se que da mesma *maneira* que entramos no mundo *dentro* de um corpo também entramos no mundo *através* de um corpo, que é o corpo da nossa mãe. A vagina que é penetrada durante o sexo é a mesma abertura pela qual a vida entra no mundo. O ponto de entrada, portanto, é o ponto de saída e o ponto de todo o começo. Ikkyu diz:

É a boca original, mas não tem palavras;

É rodeada por um magnífico tufo de pêlos.

Os seres sensíveis podem perder-se nela.

Mas ela é também o lugar de nascimento de todos os budas de dez mil mundos.

Deixe que o momento da penetração – quando uma pessoa penetra fisicamente a outra – *leve você* de volta à mentalidade de um principiante no zen e também às origens *do seu* corpo. Tome cuidado para não se perder. Através do Caminho da Penetração, prossiga direto para a Fonte.

o caminho do sexo zen

De que forma será sua relação sexual esta noite?

Como você irá penetrar?

Como você irá sair?

o caminho da aceitação

Não se preocupe, por favor, por favor,
quantas vezes terei que dizer
não há como não ser quem você é e onde.
– Ikkyu.

Uma *oração* popular entre dependentes de drogas que estão em tratamento é a "Oração da Serenidade": *Deus, dai-me a serenidade para aceitar as coisas que não posso mudar, a coragem para mudar as coisas que posso mudar e a sabedoria para saber a diferença.*

Há muito de zen nisso.

O Caminho da Aceitação consiste em aceitar essas coisas que não podem ser mudadas, não com resignação, mas com alegria. As principais destas coisas são:

A vida.

Nós mesmos.

Nossos corpos.

O corpo de nosso parceiro.

O que esses corpos se tornarão.

Com dieta, exercícios e cirurgia podemos mudar a aparência do nosso corpo, mas não podemos mudar o fato de que, enquanto vivermos, habitaremos esse corpo, e ele vai envelhecer. O Caminho da Aceitação é conviver com esses fatos, é ser capaz de se olhar no espelho em qualquer idade e se ver com um olhar de alegria.

O mestre zen Hotei certa vez ensinou este Caminho da Aceitação sem proferir uma única palavra, usando apenas a sacola de linho que carregava sempre. Uma pessoa perguntou-lhe: "Qual é o significado do zen?" Ele deixou cair sua sacola ruidosamente como resposta.

A pessoa continuou: "Então, qual é a realização do zen?"

Hotei colocou novamente a sacola no ombro e seguiu seu caminho.

Através de sua ação zen refinada, a primeira resposta de Hotei significava: "O que é, é." Aceite-o. Você deixa cair uma sacola. Primeiro a sacola estava sobre seu ombro, agora está no chão. O tempo não pára. Aquele momento não se repetirá jamais. A Terra gira em seu eixo e orbita em torno do Sol. Ficamos mais velhos a cada minuto. Em algum lugar alguém está fazendo amor. Em outro lugar há pessoas em guerra. Alguém está nascendo, alguém está morrendo. Todas essas coisas são manifestações da força divina que energiza o universo. Esta é a verdade subjacente a cada ação e a cada coisa.

A segunda resposta de Hotei nos diz como viver dentro dessa verdade. Pegue sua sacola e vá cuidar de sua vida. Participe da vida cotidiana.

Muitas pessoas confundem a atitude de aceitação com fatalismo: "O que será, será. Não há nada que eu possa fazer a respeito." Este pensamento nos paralisa. A vida é dinâmica e mutável. Portanto, para nos ajustarmos completamente a ela, devemos também ser dinâmicos e mutáveis.

O Caminho da Aceitação consiste não em receber a vida como ela se apresenta, mas em *tomar posse dela.* Como Hotei, pegue sua sacola e siga adiante. O que poderia ser mais trivial? No caminho do zen, essa aceitação representa um milagre: o milagre de estar vivo.

À medida que aprendemos a aceitar a vida como ela se apresenta também aprendemos o significado de dois conceitos centrais do zen: imperfeição e impermanência.

Imperfeição

No pensamento zen, a vida é perfeitamente imperfeita. Como o sexo, ela é desordenada, complicada, divertida, confusa e, em última instância, um milagre. Com todas as suas confusões, é assim que a vida deve ser. Mesmo quando percebemos as imperfeições dos seres humanos, compreendemos que, num nível divino, tudo é perfeito exatamente do jeito que é.

Através do sexo zen, trazemos a mesma atitude para os nossos relacionamentos. As pessoas são do jeito que são. Podemos encorajá-las a mudar seu comportamento, mas, no final, só elas próprias podem se modificar. Somos nós que devemos tentar mudar por dentro e aprender a viver com as "imperfeições" dos outros.

Nossos meios de comunicação nos enchem de imagens de pessoas lindas com vidas tão maravilhosas que nossa própria vida parece medíocre. Sem a menor lógica, nos avaliamos e avaliamos as pessoas de quem gostamos com base em um padrão impossível. Mas os japoneses têm um ditado, *Meiba ni kuse ari*: "Até mesmo o cavalo famoso fede." Você pode ficar imaginando como sua vida seria melhor se pudesse se casar com uma estrela de cinema ou dormir com uma supermodelo, mas seus sonhos negam a realidade: mesmo as pessoas famosas acordam com mau hálito pela manhã e têm seus problemas na cama.

A mente zen sabe como ver a beleza nas imperfeições da vida. Se todas as coisas nos remetem ao divino, então todas as coisas têm uma beleza inerente. Ver ou não essa beleza vai depender do nosso nível de percepção. Se formos capazes de atingir uma harmonia através do zen, poderemos entender o que os mestres querem dizer com: "É possível extrair beleza da feiúra." Penetre na essência de uma coisa e você verá o esplendor em sua fonte.

A partir do momento em que aprendemos a ver esse esplendor interior, grande parte da nossa infelicidade desaparece. Somos capazes de superar as inibições com nossa aparência ou com a de nossos parceiros. Em vez de pensarmos nas imperfeições, nos sentimos bem na nossa pele. Reconhecemos que nosso corpo é um mero veículo do espírito e compreendemos que, apesar de todas as imperfeições da embalagem, a essência dessa embalagem é perfeita e divina. Não nos identificamos com a superfície do ser, mas com a energia sexual em seu interior.

Assim sendo, dois amantes imperfeitos fazem um amor perfeito.

Impermanência

Inevitavelmente, o corpo irá morrer. Mas enquanto você estiver habitando um corpo, viva com alegria. O Caminho da Aceitação não é aceitar a morte, mas aceitar a *vida*.

Numa única relação sexual podemos transcender os limites do corpo físico e perceber a realidade divina no momento presente. O que poderia fazer uma pessoa se sentir mais viva?

Nosso impulso natural é temer a ameaça da morte de nosso corpo. Os mestres zen chamam esse medo de "apego ao pó" – o pó material da vida. Você não levará nada deste mundo material quando morrer, nem seu corpo, nem seu dinheiro ou suas posses. Tudo se transforma, das cinzas às cinzas, do pó ao pó. Precisamos aprender a aceitar isso e, através do zen, penetrar na verdade maior de nossa existência. Num ensaio denominado *Esqueletos*, Ikkyu escreve:

Nós somos esqueletos cobertos de pele, macho e fêmea, e desejamos uns aos outros. Quando o sopro se extingue, porém, a pele se rompe, o sexo desaparece e não há mais alto ou baixo. Sob a pele da pessoa que tocamos e acariciamos não há nada agora além de um punhado de ossos. Pense sobre isso – alto e baixo, jovem e velho, macho e fêmea, todos iguais... O mundo é assim. Aqueles que não compreendem a impermanência do mundo ficam pasmos e aterrorizados com essa mudança... Liberte-se da forma e retorne ao território original do ser.

Nós nos libertamos da forma através do sexo, usando o corpo para transcender sua própria impermanência. Conseguimos ver nossa essência não como o corpo que contém nossa energia sexual, mas como a própria energia sexual, que é eterna. Nossa essência é como fogo. Muitas vezes acreditamos erroneamente ser a vela.

No nosso coração sabemos que uma expressão plena do amor, aquela que emana da fonte da vida, se mantém muito tempo depois que o corpo se foi. Quando o mestre zen Ryokan expressou seu amor pela monja Teishin, jurou amor eterno:

Se o teu coração
Permanecer inalterado,
Estaremos unidos tão fortemente
Quanto uma parreira sem fim
Por anos e anos.

Enrosque-se com a pessoa amada como uma parreira sem fim. Aceitem um ao outro nesse momento e retornem ao território original de seu ser.

Aí se encontra a serenidade.

Aí se encontra o amor.

o caminho do sexo zen

Faça amor com seu parceiro em frente a um espelho.

Aceite todas as imagens que vir.

E sorria.

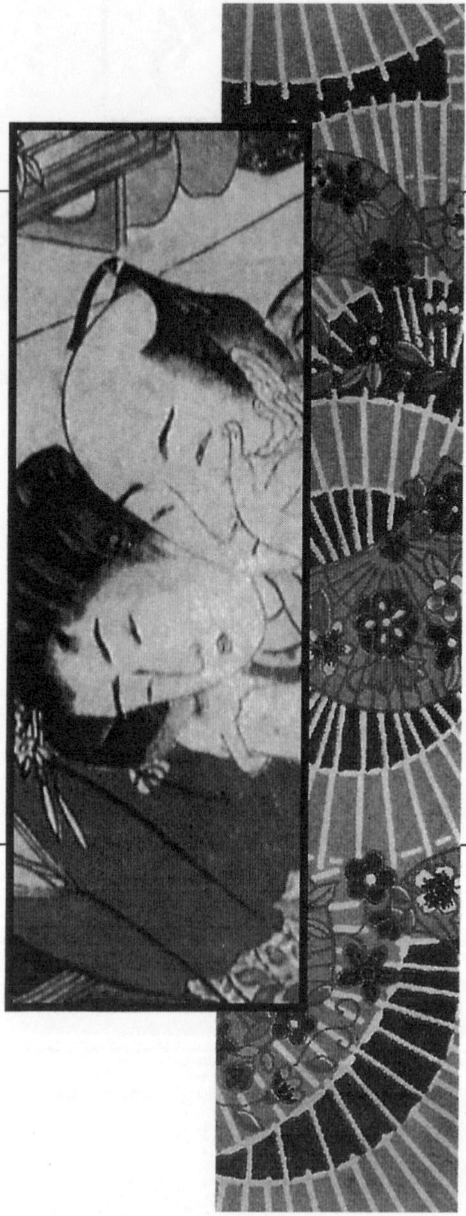

o caminho do toque

Ela brincava com aquilo em qualquer lugar, dia e noite,
tocando-o com sua parte mais profunda.

– Ikkyu.

Desde o momento em que nascemos, precisamos do toque de outra pessoa. Nas incubadoras dos hospitais, os bebês prematuros são afagados e massageados regularmente para que não fiquem psicológica e fisicamente prejudicados. Desde o nascimento, o toque nos diz que não estamos sozinhos neste mundo, diz que estamos seguros e somos amados. Ao longo da vida nunca superamos a necessidade desse tipo de toque. Infelizmente, algumas pessoas nunca o recebem, ou param de recebê-lo ao atingir uma determinada idade.

O toque transmite sentimentos num nível profundo e intuitivo. Raiva, afeto, amor, tensão, apoio, desejo, tudo isso é transmitido num simples contato. O toque sexual, principalmente, é inconfundível. Quando certas partes do corpo são tocadas de determinada maneira, nenhuma palavra precisa ser dita. A mensagem é clara: *eu te desejo.*

O toque sexual é também o mais íntimo. Relativamente, deixamos poucas pessoas nos tocarem dessa maneira, e muito poucas nos dão o mesmo privilégio. O Caminho do Toque consiste em reconhecer esse privilégio e saber o quanto ele é especial.

Não há nada como a sensação de cruzar a linha do sexo pela primeira vez com alguém, as mãos subitamente livres para percorrer todo o corpo, explorando uma nova pele e novas formas, sentindo aqueles pontos de suavidade e solidez. Muitas pessoas se tornam dependentes da excitação desses primeiros contatos e por isso trocam de parceiro constantemente à procura de novidade.

Como qualquer pessoa que tenha tido um relacionamento longo bem sabe, depois de algum tempo a sensação do toque perde aquela excitação especial. Da mesma maneira que deixamos de sentir a presença de um relógio de pulso após usá-lo por algum tempo, ficamos tão acostumados ao toque da pessoa amada que nossos sentidos deixam de lhe dar o devido valor.

No entanto, se tomarmos consciência do relógio, poderemos senti-lo, e senti-lo intensamente, porque nos concentramos nele. O Caminho do Toque consiste em fazer o mesmo com a pessoa amada. Mesmo que você esteja com uma pessoa há muito tempo, não desperdice todo o prazer contido em um toque: concentre-se no toque de quem você ama e concentre-se ao tocar essa pessoa. Não esgote nunca sua curiosidade em relação a ela. Mudamos a cada dia e há sempre o que descobrir, uma textura de pele, a temperatura do corpo, as transformações que vão se operando e que são expressões do tempo e da vida que passa.

Muitas vezes, a importância do toque no sexo é esquecida na pressa de chegar à penetração e ao orgasmo. Dedique um tempo para a troca de toques antes e depois do sexo. Na verdade, qualquer que seja a hora do dia, toque a pessoa amada sempre que ela estiver ao seu alcance. Deite a cabeça em seu ombro, abrace-a pela cintura. Segure suas mãos. Toque-a com os pés sob a mesa. Acaricie suas costas, seu rosto, seu cabelo. Acima de tudo, toque com amor e gratidão. Deixe que ela *sinta* o amor que há no seu gesto. O toque é a *única* maneira de nos conectarmos fisicamente uns com os outros.

Cada parte do corpo é fonte de prazer, e, se o orgasmo é um clímax, os prazeres que o antecedem podem ter uma qualidade mais profunda e intensa, sobretudo se o toque que os produz vem carregado do sentimento que emana do interior de quem o faz.

O grande amor da vida de Ikkyu foi uma música cega chamada Lady Mori. Em diversos poemas ele exaltou a habilidade de suas mãos, tanto tocando um instrumento quanto acariciando seu corpo. Até mesmo Ikkyu, no mais alto grau de percepção zen, não era capaz de ter a mesma profundidade de sentimento e sensibilidade que ela transmitia através de seu toque.

Minhas mãos não se comparam às de Mori.
Ela é a mestra sem igual do jogo do amor:
Quando minha haste de jade fica flácida, ela a faz crescer!
Como gostamos de nosso círculo íntimo.

A mente corre sempre o risco de se distanciar, se afastar de nosso toque. Quando isso acontece, as carícias podem rapidamente se tornar automáticas, errantes, insensíveis ao estado de espírito. O Caminho do Toque é como o de Lady Mori – amoroso e confiante: toque seu parceiro como se fosse um instrumento musical, libertando a música que vem de dentro.

Muitas pessoas pensam que o sexo é apenas uma questão de técnica: encontrar os pontos certos para manipular e excitar. Mas, assim como na música, não há técnica que compense a falta de inspiração. O melhor sexo, como a melhor música, é extasiante porque nele colocamos todo o nosso coração.

Que privilégio é poder tocar alguém com tanta intimidade. Tocar de uma forma que deixa uma pessoa feliz por estar viva.

Faça alguém feliz esta noite.

o caminho do sexo zen

Feche os olhos para aguçar seu toque.
Imagine o corpo do seu amante como um instrumento.
Toque sua música de amor favorita.

十月 紅葉

o caminho do cheiro

O perfume de seu narciso faz com que meu botão cresça,
selando nosso pacto de amor.
O aroma delicado da flor de Eros,
Uma ninfa flutuante, me sorve no jogo do amor,
Noite após noite, junto ao mar de esmeralda, sob o céu azul.

– Ikkyu.

O Caminho do Cheiro não pode ser expresso em palavras. Só pode ser conhecido por meio da vivência e da respiração.

Quando certos cheiros passam pelo nariz, podemos identificá-los imediatamente: o cheiro da roupa da pessoa amada. O cheiro do cabelo da pessoa amada. O cheiro do sexo da pessoa amada. Horas depois de sua partida, o cheiro de seu travesseiro pode nos confortar numa noite solitária.

No entanto, tente descrever esses odores para alguém e você não encontrará palavras. Podemos falar sobre a aparência física de alguém e nossos amigos terão uma nítida imagem mental: altura, peso, cor do cabelo, cor dos olhos, feições. Também podemos imitar o jeito da pessoa, mas como descrever seu cheiro? "Limpo"? "Inebriante"? "Fresco"? Podemos ser mais específicos se dissermos o nome do perfume ou da colônia que ela usa, mas, mesmo assim, como explicar o aroma do perfume Chanel nº 5 para alguém que não o conhece?

A inadequação das palavras com relação aos odores se ajusta perfeitamente ao zen. O zen não rejeita o uso das palavras, mas tem usos limitados para elas. "As palavras são a neblina através da qual temos que enxergar", diz um ditado zen. Na verdade, quem tenta definir o zen em palavras é considerado um tolo. O juiz americano Potter Stewart certa vez definiu obscenidade da seguinte forma: "Não sou capaz de defini-la, mas sei o que é quando a vejo." Isso também se aplica ao zen. O zen simplesmente é. Nós o chamamos de "zen" apenas para dar-lhe um nome, mas o nome não significa nem descreve nada, porque o zen não pode ser conhecido através de palavras. As limitações das palavras levaram Ikkyu a dizer:

É fácil ser eloqüente com relação ao zen – vou manter minha boca fechada
E passar o dia inteiro em jogos de amor.

Da mesma forma que o zen, o Caminho do Cheiro consiste em experimentar o mundo diretamente, sem palavras. A consciência zen resulta da percepção direta e imediata do mundo antes que nossos pensamentos fiquem enroscados em palavras.

Certa vez o mestre zen Joshu (778-897) estava trabalhando no jardim quando um monge pediu que ele lhe desse uma aula sobre a essência do zen.

"Árvore cipreste no jardim", foi sua resposta.

A resposta de Joshu parece não fazer sentido. Mas suas palavras foram passadas de geração em geração como uma chave para a iluminação. Elas se originam de sua percepção direta do mundo, sem qualquer mediação intelectual. Para ele, aquela era a única maneira de usar palavras para descrever o indescritível.

A respeito da lição de Joshu, o mestre zen Mumon (1183-1260) diz:

As palavras não podem descrever tudo.

A mensagem do coração não pode ser expressa em palavras.

Quem receber palavras literalmente ficará perdido.

Se tentar explicar com palavras, não atingirá a iluminação nesta vida.

Através do Caminho do Cheiro encontramos este mesmo lugar sem palavras, utilizando nosso sentido do olfato para experimentar o indescritível do dia-a-dia. A cada respiração, a cada inalação de ar surge uma nova oportunidade para a iluminação. No cheiro de sua amante, Ikkyu encontrou uma verdade universal:

As noites dentro de você em movimento,

Sentindo o cheiro das suas coxas, isso é tudo.

Respire a essência da pessoa que você ama sem deixar palavra alguma penetrar em sua mente. Cada pessoa tem seu cheiro, cada parte do corpo tem seu cheiro, e o cheiro passa por todas as variações sutis da nossa evolução na vida. Tenha consciência disso, aproveite, explore. E, se alguém lhe pedir para descrever o cheiro, responda sem pensar, como Joshu:

Amante no quarto.

o caminho do sexo zen

Apague as luzes.

Desligue o som.

Respire.

Descubra o cheiro de seu amante.

Jamais se esqueça desse aroma.

o caminho dos olhos

Acredite no homem que olha para você agora.

Aperte os olhos, sinta o amor profundo.

– Ikkyu.

O Caminho dos Olhos é conhecido pelo que eles vêem e pelo que mostram.

Aquilo que vêem é luz.

Aquilo que mostram é espírito.

Em última análise, os dois são iguais.

Tendemos a olhar o mundo com um certo distanciamento, como se estivéssemos "aqui dentro" olhando para o mundo "lá fora". Na verdade, estamos sempre à parte e somos sempre *uma* parte do mundo maior à nossa volta. Viver no zen é estar consciente dessas duas posições ao mesmo tempo.

Contemplando o mundo, nossos olhos, em sua condição mais fundamental, são meros sensores de luz, são órgãos que reagem à radiação eletromagnética que estimula nosso sistema nervoso central. É a luz que nos permite encontrar nosso ser amado numa multidão, vê-lo se despir ou, como descreve Ikkyu, observar com prazer o parceiro:

No banho, ela esfregava seu rosto e seu corpo.
No banho, eu brincava com a água contemplando seu corpo.

Voltamos instintivamente os olhos para aquilo que achamos sensual. Em toda a natureza, desde o belo colorido do peixe-borboleta à vistosa plumagem do pavão, ao *jeans* justo sobre o corpo, machos e fêmeas de várias espécies utilizam estímulos visuais para exibir sua sexualidade. Nós reagimos a esses estímulos num plano puramente animal. Inconscientemente, nossas pupilas se dilatam quando estamos sexualmente excitados.

Pesquisadores constataram que, quando foi pedido a alguns homens que classificassem a atração exercida por mulheres em diversas fotografias, eles se sentiram mais atraídos pelas mulheres cujas pupilas estavam dilatadas. As pupilas desses homens, por sua vez, se dilataram cerca de trinta por cento enquanto olhavam para as fotografias. É como se, cada vez que olhamos alguma coisa sensual, os olhos quisessem deixar entrar mais dessa maravilhosa luz. Como escreveu o trovador Guiraut de Borneilh:

Os olhos são os observadores do coração,
E os olhos vão reconhecendo
Aquilo que o coração gostaria de possuir.

Freqüentemente, porém, ficamos mais preocupados com as aparências superficiais. O Caminho dos Olhos consiste em ver a essência das coisas. Nossas pupilas podem se dilatar diante de um corpo sensual, mas como seres humanos também temos a capacidade de refletir sobre o que vemos.

Pura e simplesmente *olhar* para o mundo à nossa volta é muito diferente de vê-lo. Qualquer gato ou jacaré é capaz de olhar para coisas e seres, mas somente nós, seres humanos, temos a capacidade de ver. Embora muitos de nós, submetidos diariamente ao bombardeio incessante de imagens fotográficas e eletrônicas, tenhamos perdido o dom de ver, podemos aprendê-lo novamente, e aprender a resgatar constantemente o ato de ver as coisas como se fosse pela primeira vez, sempre que olharmos para elas.

A incapacidade de ver verdadeiramente o outro leva diretamente ao sofrimento nas relações sexuais. "Quando um homem olha para uma mulher e vê apenas alguém com quem ir para cama", diz o mestre em mitologia Joseph Campbell, "ele a vê do ponto de vista da satisfação de uma necessidade pessoal e não como uma mulher. É como olhar para um boi e pensar somente no churrasco." Basicamente, essa incapacidade é uma cegueira com relação ao aspecto divino inerente a todas as coisas. Quando abusamos da natureza ou de outros seres humanos, deixamos de ver a Luz que há por trás da luz.

O Caminho dos Olhos consiste em ver essa grande Luz, a luminescência espiritual de todas as coisas. Medite sobre o que está diante de seus olhos. Deixe-se envolver nisso. "Fixe seu olhar, atentamente, até que os olhos saltem das órbitas", diz Ikkyu, "nesta mesa, nesta parede, nesta página irreal." Faça isso até que você perceba quem está observando: não é "você" na concha de seu ego, mas a fonte que é sua origem. Este é o verdadeiro significado do provérbio "os olhos são o espelho da alma".

Todos nós somos o espírito divino contemplando a si mesmo num espelho gigantesco. Ou, como diz Ikkyu,

Espelho diante de espelho,
Nenhum outro lugar.

Agora observe bem os olhos da pessoa amada e veja seu próprio reflexo neles. Quando as pupilas se dilatarem em suas íris, os círculos crescerem dentro de círculos, pergunte-se: "Quem está olhando para quem?"

o caminho do sexo zen

Deixe seu parceiro exausto fazendo sexo apaixonadamente.
Enquanto ele começa a dormir, medite
sobre ele com seus olhos.
O que revela a luz?

o caminho da boca

Estou enfeitiçado pela linda Mori do jardim celestial.

Deitado no travesseiro, a língua no estame de sua flor,

Minha boca se enche com o perfume puro de sua seiva.

Vem o crepúsculo, depois o luar,

Enquanto cantamos novas cantigas de amor.

– Ikkyu.

Através da boca absorvemos aquilo que nos dá vida. Buscamos alimento no mundo exterior e, quando o engolimos, ele se torna parte de nós.

O Caminho da Boca consiste em aplicar a mesma abordagem em relação ao sexo. Devore seu amante. Use sua boca sobre cada centímetro do corpo de seu parceiro de todas as maneiras que você puder. Pense nas coisas deliciosas que você é capaz de fazer com os lábios, com a língua e com os dentes. Depois faça.

Beijar

Lamber

Mordiscar

Provar

Morder

Chupar

Comer

Soprar

Beber

Engolir

Colocadas em um quadro-negro, essas palavras não teriam nenhum significado especial. Mas num contexto sexual elas estimulam a imaginação e fazem o coração disparar. Isso nos lembra que a boca também tem uma função verbal no sexo. Aqueles que estão sintonizados com o Caminho da Boca conhecem o poder afrodisíaco das palavras eróticas. Quer sussurradas durante um jantar, faladas abertamente ao telefone ou exclamadas durante o sexo, as palavras que dizemos ao ser amado podem deixar a alma em chamas. Obscenas, picantes, delicadas: diga o que você está sentindo, o que você quer e o que você quer fazer.

O quarto não é lugar de silêncio.

Peça. Declare-se. Provoque. *Instrua* a pessoa amada. O importante é aumentar tanto a sua excitação física quanto a dela. Da mesma maneira que o zen usa palavras para livrar-se dos limites das palavras, as palavras eróticas também devem nos impelir àquele momento de gozo transcendental.

A boca é um órgão profundamente erótico em nossa imaginação. Os antropólogos, por exemplo, dizem que um dos motivos pelos quais homens e mulheres acham os lábios tão sedutores é por sua semelhança com os lábios genitais úmidos e intumescidos durante a excitação sexual. Durante o beijo, com as trocas de fluidos e a inserção das línguas, excitamos simbolicamente os lábios genitais e retornamos ao nosso ponto de entrada no mundo.

Através do sexo oral, fazemos um retorno semelhante. Para Ikkyu, a vida não oferece prazer maior do que fazer amor com a boca. Como mestre da flauta japonesa *shakuhachi* – um instrumento difícil de tocar que exige o uso dos lábios e da língua –, ele sentia prazer em transferir suas habilidades bucais para a genitália feminina. Para Ikkyu, o sexo oral poderia ser a conclusão da busca espiritual de um homem:

Todos os koans apenas nos conduzem,
Mas não o sexo delicioso das moças nas quais mergulho.

Ele retomou o tema do sexo oral diversas vezes durante seu longo romance com Lady Mori, que era música:

Flor de ameixa próxima ao chão, sua parte escura se abre
Molhada com o orvalho de sua paixão,
Molhada com a lascívia de minha língua.

Eu te cheiraria como um cão e provaria teu gosto.
Então beijaria tua outra boca infinitamente se pudesse,
Cabelos brancos ou não.

Certa vez, quando ela cozinhava, ajoelhei-me,
Enfiei a cabeça entre suas pernas quentes e escuras,
Subindo pela saia, beijei e lambi e chupei até ela gozar.

Lembro-me de uma tarde calma, ela fisgou meu sexo,
Inclinou-se e brincou com ele na boca durante uma hora ao menos.

Como revela a poesia de Ikkyu, o sexo oral requer um nível muito mais alto de habilidade do que muitas outras coisas no ato sexual. Envolve mais técnica, mais sensibilidade, mais ritual, mais prática. É uma área das artes do amor onde podemos buscar o caminho da excelência, se desejarmos. Da mesma maneira que no estudo do zen, não precisamos de um talento especial para evoluir. Todos os que quiserem podem aprender esta arte. Ela está à sua espera. Basta praticá-la.

Use a sua boca de todas as maneiras que puder e devore seu amante com vontade. Alimente-se da pessoa amada. Preencha suas entranhas com a essência de seu amante e saboreie o seu gosto.

O Caminho da Boca pode ser a porta de entrada para a iluminação.

o caminho do sexo zen

Beije a boca do seu amante durante a penetração.

Sinta o círculo que foi criado.

Onde começa?

Onde termina?

o caminho do grito

Algo em nós sempre quer gritar.
Alguém que amamos sabe e ouve.
– Ikkyu.

No zen, todo som é o canto do espírito divino, uma expressão da verdade absoluta. Quando fazemos amor, esta verdade é conhecida através do Caminho do Grito.

Uma história zen fala sobre um mestre que havia preparado um sermão para seus discípulos. Quando ele abriu a boca para falar, um pássaro cantou.

"O sermão já foi proferido", disse o mestre.

No canto do pássaro podemos ouvir a verdade da natureza. O mesmo vale para os sons do sexo. Os suspiros, os gemidos e os gritos que damos durante o sexo emanam do fundo de nosso ser. São expressões genuínas do que sentimos naquele momento. Como o canto de acasalamento dos pássaros, esses sons representam expressões naturais da nossa energia sexual. A iluminação espera quem quer que tenha ouvidos suficientemente afinados para ouvi-la.

Os mestres zen enfatizam especialmente o sentido da audição. Quando os monges ficam sentados durante horas meditando tornam-se absorvidos pelo som da própria respiração e pelos sons da natureza: o pio de um pássaro, a brisa nas árvores, o zumbido de um inseto. Eles procuram penetrar no local onde não há sons ou silêncio, o lugar que é a *fonte* do som e do silêncio. O único som produzido pelo homem que eles ouvem é o de um sino, ou o estalo de blocos de madeira indicando o final de uma sessão de meditação, o que aumenta a sensação do silêncio em volta.

No zen, todo som e todo silêncio possuem o mesmo peso. Ikkyu atingiu a iluminação através do grasnar de um corvo. Mas foi o silêncio entre cada grasnar do corvo que o inspirou. Seu mestre lhe deu o nome de Ikkyu porque significa "uma pausa". Mais tarde Ikkyu escreveu:

Uma pausa entre cada guincho inconseqüente
Do corvo: Ikkyu, Ikkyu, Ikkyu.

A noção de uma pausa entre guinchos expressa a visão zen de tempo como uma cadeia infinita de existência, sendo cada vida apenas um breve intervalo. Através do Caminho do Grito, percebemos a mesma verdade. Nosso tempo na Terra é curto. Para vivê-lo bem, encha-o de amor.

Faça amor no sentido mais abrangente dessas palavras.

Estabeleça uma conexão entre o intervalo que é nossa vida neste planeta, essa breve "pausa", e o grande *continuum* do tempo infinito do universo.

O som da excitação sexual brotando do fundo do nosso ser é a voz do espírito-Deus que há dentro de nós. Ouvindo-a, exprimindo-a, sentimos o poder de algo maior do que nós mesmos. O desafio de viver em uma pausa, nesse tempo limitado que temos, é conseguir ouvir esse poder divino em *cada* som e em cada silêncio também.

Os mestres zen usam um grito peculiar – *katsu!* – exatamente para este fim. É uma expressão espiritual que emana da fonte de cada um, da mesma fonte da qual emana o grito de amor durante o sexo. O mestre zen Rinzai era famoso por seu *katsu*, usado para surpreender os monges no momento exato de despertá-los para a verdade zen. Ikkyu, que idolatrava Rinzai, observou em um poema:

Rinzai gritou KATSU! no momento exato deu vida morte
KATSU!
Em toda parte olhos faiscantes olhos sol lua KATSU!
KATSU!

No calor da paixão, o grito do ser amado pode originar a mesma revelação. Nós o ouvimos e nos energizamos. Levamos a pessoa amada cada vez mais alto em direção ao gozo, mandando a energia de volta num círculo crescente.

Quando o grito de amor escapulir de você, deixe-o cantar do mais profundo de seu ser. Ikkyu disse: "Dez mil sutras (ditos religiosos) são destilados em uma única canção." Todos os que ouvirem a canção reconhecerão a verdade do êxtase, a liberação de uma energia infinita demasiado poderosa para ser contida pelo corpo.

Chame-a de som do prazer.
Chame-a de som do Som.
Chame-a como quiser, mas grite.

o caminho do sexo zen

Esta noite, cavalgando seu amante nu,

cante sua canção de acasalamento.

os sete caminhos da mente

Os caminhos para manifestação da Grande Mente variam, mas a mesma verdade celestial invariável pode ser encontrada em cada um.

– Ikkyu.

os caminhos do

Desejo

Fantasia

Descoberta

Iniciativa

Expectativa

Surpresa

Familiaridade

o caminho do desejo

Esta volúpia, meu koan incessante.

– Ikkyu.

No treinamento zen formal, uma das técnicas básicas usadas para ajudar os discípulos a descobrirem sua verdadeira natureza é o estudo de *koans*. *Koans* são histórias ou perguntas aparentemente sem sentido que indicam a natureza da realidade fundamental. O *koan* mais famoso pede aos discípulos que reflitam sobre a pergunta: "Qual é o som de uma única mão batendo palma?"

Não há como responder esta pergunta de forma lógica. Ela força os discípulos a transcenderem os limites do pensamento até atingirem um nível mais alto de compreensão. Um único *koan* pode ser uma fonte inesgotável de revelação, dando a conhecer camadas mais profundas da verdade que levam a uma percepção cada vez mais clara.

O Caminho do Desejo era o *koan* de Ikkyu. "Quando se tem sede, sonha-se com água. Quando se sente frio, sonha-se com fogo", dizia ele. "Eu sonho com o quarto de uma mulher, esta é minha natureza." Desafiando as regras da época, ele procurou transcender o zen institucional e descobrir a verdade no mundo real dos bares e da zona boêmia:

Koan

Aqueles velhos koans – sem sentido,
Apenas formas de simular a virtude;
Esta jovem e maravilhosa prostituta veste roupões de seda
Abertos dois dedos na frente.

Ali, naqueles dois dedos de abertura, estava seu *koan.*

Para Ikkyu, a visão de uma bela cortesã, seu quimono sugestivamente aberto, poderia levar a uma meditação tão profunda quanto o som de uma única mão batendo palma: qual é a origem dessa excitação? Por que tenho desejos sexuais? De que forma a volúpia revela a verdade suprema? No zen de Ikkyu, quanto mais nos aprofundamos nessas questões, mais perto chegamos de conhecer a energia divina que se manifesta em todas as coisas e em todos os atos.

Como já vimos, Ikkyu atingiu a iluminação pela primeira vez ao ouvir o grasnar agudo de um corvo. Nos anos seguintes, quando começou a se envolver com sexo e a participar do mundo comum, ele escreveu:

O grasnar do corvo foi bom, mas uma noite com uma

prostituta encantadora me trouxe uma sabedoria mais profunda do que o grasnar do pássaro.

Até hoje, a recusa de Ikkyu de renunciar ao sexo gera controvérsia. As regras dos mosteiros zen proíbem "ser incasto", e o próprio Buda ensinou que a iluminação exigia castidade. Buda advertiu que aqueles que sucumbiam ao desejo corriam o risco de renascerem no inferno. Mas Ikkyu acreditava que mesmo os preceitos de Buda deveriam ser transcendidos. "Quem precisa do budismo de mestres mumificados?", perguntou. Certa vez, após comer polvo fresco (o que é proibido pelas normas zen), ele observou: "O gosto do mar é simplesmente divino! Desculpe, Buda, este é outro preceito ao qual não posso obedecer." Ele rejeitava qualquer tipo de conformidade às regras e desdenhava aqueles que acreditavam ser necessário seguir uma cartilha zen para atingir a iluminação:

Siga a norma da castidade cegamente e você não será mais do que um asno.
Quebre-a e será apenas humano.
O espírito zen se manifesta de formas tão incontáveis quanto as areias do Ganges.
Todo recém-nascido é fruto da união conjugal.
Há quanto tempo as flores secretas vêm brotando e murchando?

Com uma jovem beldade, estou envolvido em ardente jogo amoroso;

Sentados no pavilhão, a jovem e este monge zen.

Fico extasiado com abraços e beijos

E certamente não me sinto como se queimasse no inferno.

Apesar de seus ardentes envolvimentos amorosos, Ikkyu compreendia os perigos do desejo. Ao zombar das regras de seu mosteiro, ele se arriscava a cair na auto-indulgência. Sabia que um único passo em falso no caminho do zen poderia levar a um longo desvio. A iluminação está ao alcance de todos, mas alcançar a iluminação e *mantê-la no mundo dos desejos* é tremendamente difícil. É preciso manter a dedicação ao zen acima de tudo e conhecer a diferença entre participar e se deixar levar por alguma coisa.

Ikkyu aceitava este desafio, pois acreditava que os desejos humanos jamais podem ser totalmente suprimidos. "Tenho que admitir que minha paixão não se extingue", disse. "O fogo é o mestre, capim novo nasce a cada primavera." Assim, ele pregava que as pessoas se deixassem envolver por seu próprio desejo, mas não se deixassem controlar por ele. Se permitirmos que o desejo nos domine, acabaremos agindo por ignorância, egoísmo e egolatria, jamais satisfeitos com aquilo que temos ou somos. Podemos controlar o desejo compreendendo-o, conhecendo sua essência. Como diz o *Tao Te Ching*, texto clássico da filosofia oriental: "Somente aqueles que sabem quando o bastante é o bastante terão o bastante."

Qual é o seu desejo?

Ser objeto do amor de alguém? Ter uma vida sexual mais ardente? O importante é identificar e aceitar esse desejo. É preciso ter coragem para isso. O mundo está repleto de pessoas solitárias e fechadas que não admitem que querem amor. Ficam trancadas em seus quartos, com medo da rejeição, talvez se sentindo indignas, ou convencidas de que não acharão seu par. Elas murcham em casamentos insossos. Sempre têm uma desculpa para não dar um passo à frente. Só um acontecimento dramático ou o trabalho persistente de um evangelizador empenhado é capaz de abrir a carapaça que as envolve.

Mas você aceitou o desafio. Ao admitir que tem desejos, entrou no caminho do crescimento. Agora começa a viagem – uma viagem que fará você mergulhar, cada vez mais profundamente, em seu interior.

Muitas pessoas pensam que ter desejos pressupõe que alguma coisa está faltando, que há um vazio interior precisando ser preenchido com algo "lá de fora". Das formas mais diversas, procuramos a felicidade "lá fora" – procuramos o príncipe que chega em seu cavalo branco para tornar nossa vida melhor, esperamos que as pessoas à nossa volta façam mudanças que nos satisfaçam.

O zen nos diz para pararmos de procurar a resposta "lá fora". A resposta não está "lá fora", está *aqui dentro.* É dentro de nós que se encontra a chave para a felicidade – a chave para um sexo melhor, para o verdadeiro sentido da vida. Não há necessidade de procurar em outro lugar.

Quando o monge perguntou "Qual é o caminho?", o mestre Nansen respondeu: "O caminho é o dia-a-dia." Concentre-se na *experiência* da vida, na *experiência* do sexo, e talvez você perceba que já possui aquilo que pensa desejar.

Se procurássemos apenas o alívio sexual, poderíamos facilmente nos satisfazer pela masturbação. Mas nós queremos mais: queremos companheirismo, afeição, contato intenso com outro corpo, brincadeiras na cama. Enquanto não controlarmos o que nos faz procurar a felicidade "lá fora", nossa fome interior nunca estará saciada.

No zen, *temos* aquilo que desejamos. Somos feitos dele, assim como todos os homens e mulheres nascidos "da união carnal". Só precisamos despertar para este fato. Se estamos procurando uma "superintensidade" para nossa vida através da iluminação ou do sexo zen, não encontraremos nada. Não podemos ficar mais vivos do que já estamos, mas podemos despertar para o *significado* de viver.

Quando compreendemos que somos feitos exatamente daquilo que procuramos, iniciamos o processo de administrar – o zen usa o termo "controlar" – nossos próprios desejos: reconhecê-los, acolhê-los, decidir com liberdade o que fazemos com eles. Deixe sua vida sexual ser o resultado natural da maneira como você vive. Não faça do sexo uma meta: "tenho que transar esta noite", "tenho que atingir o orgasmo", "tenho que dar um orgasmo múltiplo à minha parceira". Caso contrário, o desejo irá dominar o seu comportamento. Viva a vida apaixonadamente, faça amor apaixonadamente, aprofunde-se naquilo que está fazendo.

Não tente fazer. *Faça.* Os chineses chamam este princípio de *wu wei*: "Fazer sem 'fazer' ." O *Tao Te Ching* considera o *wu wei* o caminho definitivo da sabedoria:

O caminho não fica mais próximo quando se procura mais longe.

Portanto,

O sábio se mantém no início para descobrir o final.

E encontra sem procurar;

Chega sem partir;

Faz sem fazer;

E sabe sem entender.

À primeira vista, *wu wei* parece um daqueles conceitos orientais inescrutáveis que não fazem sentido. Mas a verdade zen encontra-se além dos limites das palavras, geralmente em meio a uma contradição. Quando dizemos algo como "Quanto mais as coisas mudam, mais permanecem iguais", percebemos que as palavras soam contraditórias. Mas também sabemos que existe uma verdade nesta frase porque, de alguma forma, já a experimentamos. Com o zen é a mesma coisa.

Muitos homens, por exemplo, sofrem de um "complexo de virgem-prostituta", pois desejam uma mulher que seja ao mesmo tempo sexualmente experiente e inexperiente. Por outro lado, muitas mulheres dizem querer um homem sensível e atencioso, mas também se sentem atraídas pelo *bad boy* e por um gostinho de perigo. A confusão impera nos dois lados. Como alguém pode satisfazer desejos conflitantes?

Aqueles que compreendem o que é *wu wei* sabem que há uma maneira de ser virginal sem ser virgem, uma maneira de ser libidinosa sem ser prostituta, uma maneira de ser perigoso e confiável ao mesmo tempo. Todos nós temos diferentes facetas em nosso caráter, algumas compartimentadas, outras conflitantes. Somos uma pessoa no trabalho, outra junto à nossa família, outra ainda no quarto. O sexo zen diz: faça amor com a *totalidade* de seu ser. Leve sua inocência e sua experiência para o quarto. Tenha pureza no coração e deseje ardentemente seu par.

Mantenha a expectativa de emoções e a satisfação da segurança ao mesmo tempo. Não tente, apenas faça.

A excitação sexual deve se revelar espontaneamente, a partir da nossa verdadeira natureza, da mesma forma que uma flor desabrocha ou uma fruta cai da árvore quando está madura. Isto é o zen – excitação sem a preocupação com a "excitação", desejo sem "desejar".

O grande desafio do zen é fazer o que se apresenta naturalmente a cada momento, é expressar nossa verdadeira natureza em cada ato, é viver a vida conscientes tanto da ordem cósmica quanto dos mínimos detalhes. Se o desejo se revelar, então siga o desejo como um meio de conhecer a verdade. Sua satisfação deve ser uma busca espiritual. Focalize o momento que está vivendo, deixe-se envolver totalmente, e o Caminho do Desejo levará você ao sexo zen.

Quando isso acontecer, aproveite e permaneça em estado de meditação com a pessoa amada. Pois no final, como diz Ikkyu,

Somente um koan é importante –
Você.

o caminho do sexo zen

Pergunte a si mesmo:

O que me provoca desejo sexual?

Qual a profundidade da sua resposta?

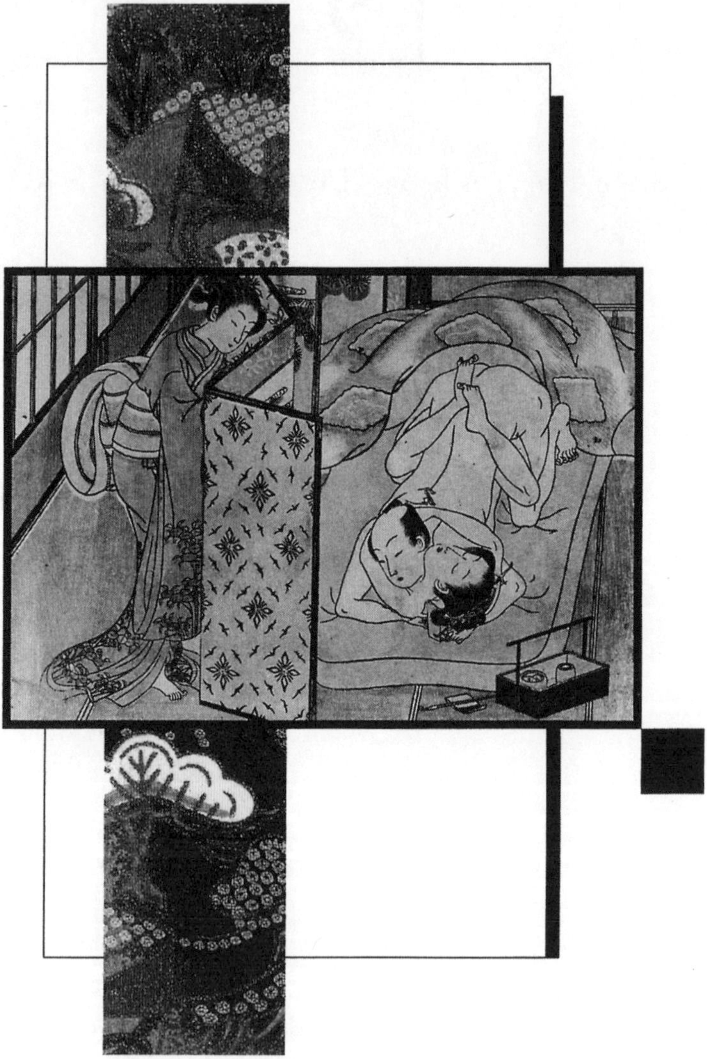

o caminho da fantasia

Sonhei que era uma borboleta sonhando que era homem.

– Chuang-tzu (369-286 a.C.)

Não há afrodisíaco melhor do que nossos devaneios e fantasias. Um simples sinal, seja uma fotografia numa revista, o som de uma voz ao telefone ou um olhar mais intenso de alguém que passa na rua, pode produzir um filme interno cheio de erotismo, do qual somos a única platéia. Diz Ikkyu: "A menina ouvindo o poeta jorrando poemas não pensa em nada, mas ele pensa que a quer recostada na cerca enquanto ela apenas ouve." A pessoa que desejamos, assim como a maneira como a desejamos, são brinquedos para diversão de nossa mente.

Fantasias eróticas são sonhos que sonhamos acordados e que nos revelam pistas de nosso psiquismo, permitindo que exploremos nossa sexualidade. Essas fantasias vêm da mesma fonte que nossa criatividade – a imaginação –, ligando nossos mundos consciente e inconsciente. Por definição, fantasias não são "reais". Mas o Caminho da Fantasia consiste em compreender a interação entre realidade e imaginação, o consciente e o subconsciente. Para realçar essa idéia, Ikkyu muitas vezes assinava seus poemas de amor com o pseudônimo de Mokei, que significa "Boudoir dos Sonhos". No zen, o caminho para a verdade se encontra entre os níveis da fantasia e da realidade.

Os mestres zen ensinam que este mundo de tempo e espaço – o que chamamos de realidade – é uma cortina ilusória que encobre a fonte de uma eternidade intemporal e ilimitada. Nas palavras de Buda,

Todas as coisas complexas
São como um sonho, uma fantasia, uma bolha e uma sombra;
São como uma gota de orvalho e o clarão de um relâmpago;
Feitos para serem contemplados.

O desafio está em ver essa ilusão enquanto se vive no mundo sensorial do prazer sexual. Quando um mestre zen perguntou a seu discípulo "Esta vara existe ou não?", o discípulo respondeu: "Tudo é uma projeção da mente, portanto ela não existe." O mestre deu-lhe com a vara na cabeça. "Então o que bateu na sua cabeça?", perguntou. A mensagem é que vivemos na esfera filosófica e na esfera corporal ao mesmo tempo. Como diz o provérbio zen, "As coisas não são o que parecem, nem o oposto".

Toda fantasia se origina da mesma fonte e desse modo revela uma verdade universal. Podemos ser as estrelas de nossas próprias fantasias sexuais imaginando amantes ávidos rasgando nossas roupas. Mas, no fundo, não existe um "eu" que seja o autor dessa imaginação. Quando fantasiamos, somos simplesmente um fio condutor para a energia invisível da vida que se manifesta através de nós. Por trás disso não passamos de aparições, sonhadores sonhando dentro de um sonho. Este sentimento foi captado num diálogo poético entre o mestre zen Ryokan (1758-1831) e o amor de sua vida, a monja Teishin (1798-1872). Teishin escreveu:

Foi realmente você
Quem vi,
Ou será esta alegria
Que ainda sinto
Apenas um sonho?

E Ryokan respondeu:

Neste mundo de sonhos
Que sonhamos
E de sonhos que falamos –
Sonhe, continue sonhando
O quanto desejar.

As fantasias sexuais nos permitem brincar com a idéia de viver um sonho dentro de um sonho. Pois na essência da maior parte das fantasias há uma tensão erótica, uma atração deliciosa entre duas coisas aparentemente opostas: liberdade e proibição. Entrega e inibição. Poder e submissão. Exploração e segurança. Fantasia e realidade. O Caminho da Fantasia é meditar sobre essa tensão e utilizar a energia gerada quando esses opostos interagem. Leia a seguir a lista das fantasias sexuais mais comuns e sinta essa energia tomar conta de você.

Fazer sexo com seu chefe na sala da diretoria.

Fazer sexo com um professor ou aluna.

Fazer sexo com uma enfermeira ou paciente.

Ter uma relação homossexual.

Fazer sexo durante um vôo noturno.

Fazer sexo grupal.

Fazer sexo com dois homens ou duas mulheres ao mesmo tempo.

Ser possuído(a) ou dominado(a) sexualmente.

Fazer sexo com um desconhecido.

Fazer sexo estando algemado, amarrado ou vendado.

Fazer sexo untando o corpo do parceiro com mel ou calda de frutas.

Ser o primeiro ou a primeira a transar com uma pessoa virgem.

Fazer sexo no banheiro de uma discoteca, bar ou restaurante.

Fazer sexo com um artista de TV, cinema ou alguém famoso.

Experimentar abordagens ou posições sexuais que você não pratica em sua vida real.

Fazer sexo vestido(a) com as roupas do sexo oposto ou ser forçado(a) a isso.

Fazer sexo com uma divindade ou um líder espiritual.

Deixe seus olhos vagarem pela lista outra vez, deixando livre a sua imaginação. Onde há imaginação, há criatividade; onde há criatividade, há criação; onde há criação, há sexo. Leia cada linha com uma imagem na cabeça, crie suas próprias imagens, mas tenha sempre em mente a fonte da imagem, pois é aí que se encontra o Caminho da Fantasia.

O sexo zen começa no cérebro.

o caminho do sexo zen

Feche os olhos e imagine sua fantasia sexual predileta.

De onde ela vem?

Para onde ela leva você?

o caminho da descoberta

Desfrutar uma beleza poética pode levar ao inferno.
Mas veja o que encontramos espalhados por
todo nosso caminho:
Botões de ameixeira e flores de pêssego!
– Ikkyu.

O sexo zen é sobretudo um processo de descoberta. A descoberta de seus próprios desejos e também a descoberta dos desejos da pessoa amada. Quanto mais nos conhecemos, mais autênticos e abertos podemos ser com essa pessoa. E quanto mais conhecemos essa pessoa, mais satisfação podemos lhe dar. É isso o que conduz ao sexo íntimo.

Em *A Arte da Guerra*, um tratado clássico de estratégia escrito em 500 a. C., o general chinês Sun Tzu diz:

Conheça o inimigo e conheça a si mesmo; em cem batalhas você nunca correrá perigo.

Quando você desconhece o inimigo mas conhece a si mesmo, suas chances de ganhar ou perder são as mesmas.

Se desconhece tanto o inimigo quanto a si mesmo, é certo que correrá perigo em todas as batalhas.

Podemos interpretar as palavras de Sun Tzu de outra forma quando pensamos em relacionamentos. Não estou sugerindo que você encare o mundo como uma batalha entre os sexos. Se substituirmos a palavra *inimigo* por parceiro, as palavras de Sun Tzu seriam:

Se você conhece a si mesmo e seu parceiro, seu relacionamento irá prosperar.

Se você conhece a si mesmo mas desconhece seu parceiro, o caminho será arriscado.

Se você não conhece a si mesmo nem seu parceiro, seu relacionamento não tem a menor chance.

Tudo o que importa no Caminho da Descoberta é nossa atitude em cada momento. Se estamos dispostos a nos empenhar no processo de descoberta, devemos manter a mente aberta e "levar conosco uma xícara vazia", como dizem os mestres zen.

A imagem da xícara vazia tem sua origem em uma famosa parábola sobre a visita de um professor universitário ao mestre zen Nan-in. O professor queria informações sobre o zen, mas passou mais tempo falando do que ouvindo.

Em silêncio, Nan-in começou a encher a xícara do professor até o chá transbordar sobre a mesa.

"O que está fazendo?", exclamou o professor.

"Assim como esta xícara, você está cheio das suas próprias opiniões e teorias", respondeu Nan-in. "Como poderei ensinar alguma coisa sem que antes você esvazie sua xícara?"

Todos nós agimos como esse professor de vez em quando. Nesses momentos não somos receptivos e nos concentramos apenas em nossas próprias necessidades quando deveríamos estar prestando atenção às necessidade da pessoa amada.

Nan-in nos adverte para percebermos esses momentos e abrirmos nossa mente para a descoberta. A xícara vazia representa aquilo que os mestres zen chamam de "espírito do iniciante", um espírito recém-nascido, aberto ao aprendizado, que absorve as experiências. Para o sexo zen, é este o espírito que você deve ter. Afinal, o sexo zen não é um fim nem um objetivo. Ele é um início. Se você for para o quarto com o espírito de iniciante, certamente descobrirá algo novo.

O sexo sempre leva à origem.

Diz-se que, em qualquer situação, uma pessoa está ensinando e a outra está aprendendo. Aplique esta regra dentro e fora do quarto. Abra-se para as indicações e sinais transmitidos pelo ser amado. Tenha o espírito de um aprendiz.

O caminho do zen requer que nos pensemos como professores e como alunos ao mesmo tempo. Este conceito está implícito na palavra japonesa para professor, *sensei*. *Sensei* signi-

先生

Sensei

fica literalmente "anterior na vida", ou "aquele que foi antes". No caminho da vida, observamos aqueles que foram antes de nós em busca de orientação. Ao mesmo tempo, oferecemos nossa experiência de vida e aquilo que sabemos ser verdadeiro para aqueles que vierem depois de nós no caminho.

"Quando o aluno estiver pronto, o professor surgirá", dizem os mestres zen. Esta frase contém os dois significados: quando sua mente estiver pronta para aprender, você aprenderá, e você encontrará professores em todas as situações. Então, quando você tiver aprendido o bastante, surgirá o professor que há dentro de *você*, e você irá orientar outras pessoas.

Todos temos algo a aprender com os outros. Cada um de nós tem seu próprio estilo e preferências quando se trata de fazer amor. No caminho do sexo zen, revele os seus, aprenda os da pessoa amada e descubram em conjunto coisas novas.

Certa vez um homem disse: "O que é sensual na cama não é a mais bela das mulheres, mas o que ela quer fazer com você e o que deseja que você faça com ela." Tomar consciência disso é o Caminho da Descoberta. Não espere que seu amante ou sua amante conheça todos os seus pontos erógenos. A frustração num relacionamento muitas vezes é o resultado de esperarmos que o ser amado seja capaz de ler nossos pensamentos e adivinhar sempre o que queremos.

Já ouvi várias vezes a seguinte queixa: "Se meu parceiro realmente me amasse saberia o que fazer para me contentar sem que eu tivesse que lhe dizer." Esta é uma convicção totalmente equivocada e que leva a desencontros e insatisfações.

Muitos homens e mulheres adotam a mesma técnica com todos os parceiros. Mas aquilo que funcionou com uma pessoa pode não funcionar com outra, e aquilo que já funcionou uma vez pode não funcionar na próxima. O momento é outro, o clima é diferente. O Caminho da Descoberta consiste em descobrir aonde e como você e o ser amado querem ir *neste* momento: suavemente, com firmeza, rapidamente ou devagar?

Há várias formas de amar esperando por você a cada momento. A descoberta de novas coisas deve ser divertida. Coloque-se em atitude de descoberta e verá como a excitação aumenta. Deixe-se guiar pelos sons do prazer da pessoa com quem você está. Seus suspiros, gemidos e gritos lhe dirão o que ela está sentindo e guiarão seus movimentos.

Se você puder ouvir seu amante ou sua amante, saberá como ele ou ela se sente sem que seja preciso perguntar.

o caminho do sexo zen

Que parte do corpo de seu amante você ainda não explorou?
Descubra hoje à noite.

o caminho da iniciativa

Dentes brancos sorrindo.

A luminosidade da pele.

Do alto de meu assento de Lama

Com o canto do olho

Vi que ela olhava para mim.

– Tsangyang Gyatso (1683-1706), sexto Dalai-Lama.

O sexo, assim como a vida, requer ação e participação. Alguém deve tomar a iniciativa.

Que seja você, então.

Algumas vezes nos vemos em uma encruzilhada, sem saber qual caminho seguir. Outras vezes estamos sozinhos, ou nossa vida sexual está presa a uma rotina. Nesses momentos precisamos respirar fundo e tomar uma atitude positiva em relação aos outros. Quando estiver em dúvida, tome a iniciativa. Diga *sim* ao amor, à vida, ao convívio com outras pessoas. Só assim permanecerá no caminho certo.

O mestre zen Soen Nakagawa ensinou essa lição a um discípulo que o abordou durante um retiro para meditação. "Estou me sentindo muito desanimado", disse o discípulo. "O que devo fazer?" Soen respondeu: "Anime os outros."

Sempre podemos encontrar um motivo para *não* fazer alguma coisa. Ou estamos muito cansados ou não há tempo ou achamos que é a vez da outra pessoa. Não dê ouvidos a esses motivos. O Caminho do Sexo se encontra na ação.

Se você acha que sua vida sexual caiu na rotina, tente romper seus padrões. Se é sempre o seu parceiro quem toma a iniciativa, inverta os papéis de vez em quando. Você não precisa ser igual a ele, mas tomar a iniciativa de vez em quando pode estabelecer um equilíbrio.

O mais importante é não encarar tudo isso como uma obrigação. Fazer amor por dever é extremamente anti-sensual. Tome a iniciativa porque você quer. Surpreenda o ser amado numa hora totalmente inesperada, de uma forma absolutamente inesperada, e vocês se lembrarão desse momento durante muitos anos.

Se, pelo contrário, é você quem sempre toma a iniciativa e se cansou disso, procure novos caminhos para a intimidade. Volte aos rituais de sedução, aborde seu parceiro de forma mais romântica ou mude sua maneira de tomar a iniciativa. Namore, invente, conquiste.

Se você acha que o impulso sexual do seu parceiro não é compatível com o seu, o melhor a fazer é conversar. Um relacionamento saudável, mesmo quando é muito compatível sexualmente, requer um processo contínuo de negociação. Cada um deve comunicar suas necessidades ao outro e procurar formas de lidar com as necessidades do outro.

Quando duas pessoas estão em verdadeira harmonia e gostam uma da outra, seus impulsos sexuais discrepantes irão naturalmente encontrar um ponto de equilíbrio. Elas sabem que o sexo é apenas uma parte de algo maior, que é o relacionamento. Quando surge um desequilíbrio na área sexual de um relacionamento, pode-se buscar um equilíbrio nas outras áreas. Isso talvez signifique passar mais tempo juntos sem que haja envolvimento sexual, ou talvez seja preciso permitir que a outra pessoa tenha mais espaço para cuidar de seus interesses pessoais. Essas coisas podem ajudar a restaurar a harmonia sexual.

Quando as pessoas não conseguem manifestar suas necessidades, ou ignoram as necessidades da outra pessoa, seu relacionamento irá fracassar.

Se você não tem um parceiro ou uma parceira sexual, mas gostaria de ter, tome a iniciativa. Mas não faça isso sob o impulso da carência, nem sucumba ao medo da rejeição. Muitas mulheres estão acostumadas a deixar que o homem sempre tome a iniciativa e nunca se arriscam a dar o primeiro passo. Se seguir o caminho do sexo zen, você se conhecerá melhor e saberá seu valor. Deixe que o auto-respeito e o amor pela vida sejam a fonte de seus atos. Assim, se encontrar alguém no seu caminho que diga não, você não sentirá desânimo ou rejeição. É um direito que cada um tem de dizer "não".

Isso não significa que você irá abordar todas as pessoas que encontrar pela rua. Simplesmente participe do jogo da vida:

abra os olhos, abra os braços para o mundo à sua volta. A viagem interior só terá significado se você se abrir para outras pessoas. Fique alerta para os sinais que os outros transmitem para você. Você poderá não percebê-los se não estiver olhando. Algumas pessoas não são nem mesmo capazes de perceber quando alguém está flertando com elas. Andam com a cabeça baixa, olhando para os próprios pés, ou entram num ambiente tentando passar despercebidas. Essas pessoas precisam levar consigo um copo vazio. É o sentido da possibilidade que torna a vida excitante.

Quando chegar a hora de tomar a iniciativa, não tenha medo. Esta é a lição da monja zen Eshun, que era a única mulher estudando com outros vinte monges. Segundo a lenda, um dos monges escreveu uma carta de amor para Eshun, querendo encontrar-se com ela secretamente.

No dia seguinte, Eshun e os monges reuniram-se para uma preleção. Quando o orador terminou, Eshun foi até a frente da turma e dirigiu-se ao monge que lhe escrevera a carta.

"Se você me ama de verdade", disse ela, "venha até aqui agora e me abrace."

No contexto atual das relações entre os sexos podemos pensar que Eshun estava tentando deixar o autor da carta sem graça na frente de seus colegas. Mas a lição zen de sua atitude é mais profunda do que isso. Ela fala sobre reconhecer nossa verdadeira natureza e sobre aproveitar o momento.

"Se você ama", diz Eshun, "ame abertamente." O Caminho da Iniciativa consiste em tornar-se um com a fonte do amor e deixar esse amor fluir de você para os outros. Se seu coração é puro, não há do que se envergonhar.

Há muitas forças sociais que lançam as pessoas contra seus próprios corações, fazendo com que se fechem. Dizemos às pessoas que não podem amar alguém que não seja da sua raça, da sua fé, do seu grupo étnico. Dizemos aos homossexuais que seu amor é imoral. O mundo está repleto de pessoas invejosas, que tentam impedir o amor por meio de mesquinhez e ódio. Quando as pessoas negam o amor que têm dentro de si ou ocultam sua expressão, quando não conseguem abrir seus corações e tomar a iniciativa no amor, elas ferem suas almas e, conseqüentemente, a alma da humanidade.

Algumas palavras para aqueles que já se sentem à vontade em tomar a iniciativa:

Tome a iniciativa, mas não force uma relação sexual. Você pode usar de alguma ousadia na abordagem, mas deixe sempre um espaço para que o outro venha ao seu encontro. Mostre interesse, mas não pressione.

Se estiver cortejando alguém e essa pessoa rejeitar você ou não fizer qualquer tentativa de aproximação, volte sua atenção para outra. A insistência é um desvio do caminho e vai em direção à obsessão.

Se uma pessoa se aproximar de você e depois recuar, não corra atrás dela. Aguarde atrás da linha, mas não a ultrapasse. Espere algum tempo para que as coisas se acomodem. Algum tempo depois você pode ver se ela está disposta a se encontrar com você outra vez. Mas avance devagar.

Compreenda o equilíbrio entre sim e não. Quando alguém disser sim e depois disser não, respeite a negativa, respeite a pessoa e, sobretudo, respeite-se.

Quando os dois lados disserem sim, então a diversão poderá começar.

o caminho do sexo zen

Faça o primeiro movimento esta noite.

Em que direção será?

o caminho da expectativa

Dia e noite não paro de pensar em você;
Na escuridão, numa cama vazia, o desejo
se torna mais intenso.
Sonho com nós dois de mãos dadas
trocando palavras de amor.
– Ikkyu.

A melhor coisa depois de "fazer sexo" é a expectativa de um encontro sexual. O Caminho da Expectativa consiste em deliciar-se com a ansiedade presente nessa antecipação. Sinta a excitação do momento, mas mantenha-se em estado de relaxamento. "Meu desejo por você me sustenta neste momento", disse o poeta místico Rumi (1207-1273). Respire bem fundo e desfrute a sensação.

Sempre que você sentir uma ansiedade incontrolável de fazer sexo, espere. Deixe o momento chegar, sem pressa. Nós sempre podemos nos beneficiar de uma redução em nosso ritmo interno, qualquer que seja a ação ou a ocasião. Quando nos apressamos perdemos a sensação de autocontrole. Quando relaxamos voltamos a ter essa sensação. Junto com o controle vem uma sensação de confiança, e sentir-se confiante é *sexy.*

Quando ficamos ansiosos demais para "fazer sexo", inevitavelmente desperdiçamos as preliminares. Pensamos demais no que queremos fazer em vez de pensarmos no que *estamos* fazendo. Não aproveitamos o prazer que existe no processo até chegar lá.

Uma parábola zen sobre um jovem espadachim nos fala sobre essa ansiedade excessiva. O espadachim Matajuro Yagyu tinha sido enviado por seu pai para estudar com o mestre Banzo.

"Se eu estudar com afinco, quantos anos se passarão até eu me tornar um mestre?", perguntou Matajuro.

"Dez anos", respondeu Banzo.

"Se eu estudar com muito mais afinco", disse o discípulo, "em quantos anos me tornarei um mestre?"

Banzo calculou trinta anos.

"Como assim?", espantou-se Matajuro. "Primeiro você disse dez anos e agora disse trinta. Eu suportarei qualquer provação para dominar esta arte o mais rápido possível."

"Bem", respondeu Banzo, "nesse caso você terá que ficar comigo por setenta anos. Um homem que tem tanta pressa quanto você de obter resultados raramente aprende depressa."

A lição de Banzo também se aplica ao sexo. Muitos jovens, por exemplo, ficam tão preocupados em ter logo sua primeira relação sexual que se entregam ao sexo muito antes de estarem preparados emocionalmente. Diversos adultos maduros cometem este mesmo erro – de precipitarem uma relação sexual – antes de estarem prontos. Ao fazerem isso, começam um relacionamento com a pessoa errada, ou desperdiçam a chance de ter um romance mais duradouro ao tornarem a relação muito séria em pouco tempo. "Domine a pressa", dizem os mestres zen. Joe Hyams, autor de *Zen in the Martial Arts* (Zen nas artes marciais), descreve como aprendeu essa lição num encontro com o mestre Bong Soo Han. Os dois estavam tomando chá quando chegou uma carta da família do mestre, que morava na Coréia. Nas palavras de Hyams:

> *Sabendo que ele esperava ansioso por aquela carta, interrompi nossa conversa, esperando que ele abrisse o envelope e a lesse rapidamente. Em vez disso, ele pôs a carta ao seu lado, virou-se para mim e continuou nossa conversa.*
>
> *No dia seguinte, fiz uma observação sobre seu autocontrole, dizendo que eu teria lido a carta imediatamente.*
>
> *"Eu fiz o que teria feito se estivesse sozinho", disse ele. "Deixei a carta de lado até que tivesse dominado a pressa. Quando a peguei, eu a abri como se ela fosse preciosa."*
>
> *Pensei um pouco sobre este comentário que ele desejava que fosse uma lição para mim. Finalmente disse que não entendia qual o objetivo de toda essa paciência.*

Ele me respondeu: "Aqueles que são pacientes com relação às coisas triviais e se controlam, um dia terão o mesmo domínio com relação às coisas valiosas e importantes."

O Caminho da Expectativa consiste em sentir o êxtase do momento e ainda assim ser paciente. No período de excitação sexual, logo antes de fazer amor, domine sua pressa. Então toque a outra pessoa como se estivesse tocando algo muito precioso.

Mesmo enquanto você está fazendo amor, na excitação que antecede o clímax, deve haver um certo grau de relaxamento. Como diz o sexto Dalai-Lama, Tsangyang Gyatso,

A essência primaveril da terra desponta.
Depois que encontrei meu amor,
Corpo e alma relaxaram.

O Caminho da Expectativa consiste em manter a serenidade, mesmo quando o coração dispara.

Com o espírito relaxado é possível brincar com a tensão que precede o orgasmo, aumentando ou reduzindo a excitação de acordo com o clima. Deixe-se levar pelos jogos eróticos, vivendo plenamente o momento e o que ele lhe oferece. Quando se faz amor, não é preciso sair correndo para a conclusão. Ikkyu diz:

É surpreendente quantas horas ficamos "dormindo" (fazendo amor).
Como borboletas, brincamos incessantemente.
Ouça! O sino toca. É meio-dia? Ou meia-noite?

Quando perdemos totalmente a noção do tempo, quando não sabemos se é meio-dia ou meia-noite, não pode haver sentido de pressa. Não queremos sugerir que as preliminares de todas as relações sexuais devam ser longas e demoradas. No equilíbrio de um bom relacionamento sexual, a "rapidinha" pode servir como uma mudança de ritmo. Mas, mesmo aí, saiba distinguir a diferença entre rapidez e pressa. Quando temos pressa, nos sentimos pressionados pelo tempo e não estamos totalmente dedicados à outra pessoa. Nossa cabeça está em outro lugar, de olho no relógio, pensando nas coisas que temos para fazer. Uma boa "rapidinha" não é feita com uma sensação de pressa, mas sim vivendo o *momento.*

Quando acabar, deixe a sensação se prolongar, mesmo que você esteja se vestindo. Leve o Caminho da Expectativa para os momentos de intimidade e carinho após o sexo. Esses momentos aprofundam a experiência pela qual você e o ser amado acabaram de passar.

Comece a pensar em quando será a próxima vez.

o caminho do sexo zen

Esta noite, antes de tirar a roupa,
Espere um pouco mais.

Provoque seu amante.

Como você se sente?

o caminho da surpresa

A iluminação advém da experiência súbita.

Hui-neng (638-713).

Você pode colocar uma foto *sexy* no bolso do casaco de seu amante ou deixar uma mensagem erótica na secretária eletrônica de sua amante. Não importa qual seja a forma, existem dois lados no Caminho da Surpresa: surpreender e ser alvo da surpresa.

Para surpreender alguém é preciso pensar em um momento futuro. Ser surpreendido é ser pego desprevenido. Para cada um dos envolvidos há um momento decisivo, e nesse momento se encontra uma oportunidade para o despertar.

Os livros sobre zen estão cheios de histórias em que os mestres surpreendem seus discípulos com o objetivo de elevar sua percepção. Uma dessas histórias fala sobre Tokusan (781-867) no início de seus estudos com o mestre Ryutan. Tarde da noite, Ryutan disse: "Já é alta noite. Por que você não se vai?"

Quando Tokusan fez uma reverência e abriu a porta para partir, disse: "Está muito escuro lá fora."

Ryutan deu a Tokusan uma vela acesa. No momento em que Tokusan a pegou, o mestre apagou a chama com um sopro.

Naquele momento de surpresa a mente de Tokusan se abriu.

Este é um ponto fundamental no Caminho da Surpresa. *A surpresa é para o benefício daquele que está sendo surpreendido.* Muitas vezes fazemos uma surpresa para nos divertir, para ver o olhar de espanto da outra pessoa num momento de embaraço. Mas o verdadeiro Caminho da Surpresa consiste em dedicar todo nosso pensamento a quem amamos, saber o que essa pessoa quer, do que gostaria, e dar-lhe isso com amor. Dessa maneira, elevamos nosso próprio espírito e intensificamos nossa excitação. Percebemos a rotina em nossa vida e fazemos algo para quebrá-la, aumentando assim nossa percepção do amor.

Quando somos nós a pessoa surpreendida, temos a chance de analisar nossa reação, de observar onde estão nosso coração e nossa cabeça. Sempre haverá coisas que nos pegarão de surpresa, sejam elas intencionais ou não. A maneira como reagimos quando não há aviso ou preparação nos dá uma idéia de quem realmente somos.

Uma famosa história zen ilustra o assunto. É sobre uma velha senhora chinesa que sustentou um monge por mais de vinte anos. Os monges costumavam receber casa e comida dos habitantes das cidades que acreditavam que, se apenas um monge se tornasse iluminado, toda a humanidade se beneficiaria.

Essa senhora, contudo, começou a desconfiar do progresso do monge. Para descobrir se ele estava avançando, ela pediu a ajuda de uma moça que era "ardente e fogosa".

"Chegue perto dele e abrace-o", a senhora disse à moça, "e então pergunte de repente: 'e agora?'."

A moça se aproximou do monge, abraçou-o e perguntou o que ele faria a respeito.

"Uma velha árvore cresce sobre uma pedra gelada no inverno", respondeu o monge, um tanto poético. "Não há calor algum."

A moça voltou e contou à senhora o que ele havia dito.

"E pensar que eu alimentei aquele sujeito durante vinte anos!", exclamou a senhora com raiva. "Ele não se preocupou nem um pouco com as suas necessidades, não se mostrou disposto a falar sobre sua condição. Não precisava ter reagido com paixão, mas pelo menos podia ter demonstrado alguma compaixão."

Ela se dirigiu imediatamente à cabana do monge e incendiou-a.

A surpresa revelou a verdadeira natureza do monge. Vinte anos de meditação não foram suficientes para produzir um coração piedoso, a única medida confiável para avaliar o progresso no treinamento. No momento decisivo, quando não havia tempo para pensar, ele não passou no teste.

Num comentário sobre essa história, o guru indiano Osho disse que o monge viu-se diante de três possibilidades. "Primeira: se por vinte anos ele sequer tocou uma bela mulher, a primeira possibilidade era de que ele se sentiria tentado, seria uma vítima, esqueceria tudo sobre meditação e faria amor com aquela moça. A segunda possibilidade é que ele permaneceria frio, controlado e não mostraria qualquer compaixão em relação à moça. Simplesmente iria se controlar, reprimir-se, para não se deixar seduzir. E a terceira possibilidade era de que, se suas meditações o tivessem feito crescer, ele estaria cheio de amor, compreensão e compaixão, e tentaria entender essa moça e ajudá-la. Ela foi apenas um teste para essas possibilidades."

"Se fosse a primeira possibilidade, toda a sua meditação teria sido uma perda de tempo. Se fosse a segunda, ele satisfaria os critérios elementares de um monge, mas não os critérios reais de um homem de meditação... Um homem de compaixão sempre pensa no outro, em suas necessidades. O monge permaneceu impassível. Simplesmente disse algo sobre si mesmo: 'Uma velha árvore cresce sobre uma pedra gelada no inverno. Não há calor algum.' Não disse uma única palavra sobre a mulher. Sequer perguntou: 'Por que você veio? Por quê? Do que precisa? E por que escolheu a mim dentre tantas pessoas? Sente-se aqui...' O amor sempre pensa nos outros; o ego pensa somente em si. O amor é sempre atencioso; o ego é absolutamente desatencioso. O ego só conhece uma linguagem, que é a sua própria. O ego sempre usa o outro; o amor está sempre pronto para ser usado, o amor está sempre pronto para servir."

Em seu comentário sobre a história do monge, Ikkyu diz que sua reação à surpresa certamente teria sido menos fria:

A velha senhora foi generosa o bastante
Para animar o monge casto com uma moça com quem se unir.

Se uma bela me abraçasse esta noite

Meu velho galho murcho faria crescer um novo broto.

A vida é cheia de surpresas. Deixe que elas nos lembrem que estamos vivos e cheios de amor.

o caminho do sexo zen

Surpreenda seu amante esta noite.

Deixe-se surpreender com o que você está disposta a fazer.

o caminho da familiaridade

Embora a carne macia

Do corpo de minha amada

Me seja familiar,

Não sou capaz de medir suas profundezas.

– Tsangyang Gyatso, sexto Dalai-Lama.

Dizem que a familiaridade cria o contentamento. O Caminho da Familiaridade gera amor.

Se os primeiros momentos excitantes de uma paixão começam a desaparecer com o tempo, você deve retornar à mente de principiante que o zen propõe e da qual já falamos neste livro.

No quarto de dormir, o Caminho da Familiaridade permanece sempre ligado ao Caminho da Descoberta.

Ao começar um relacionamento, nenhum de nós conhece o estilo da pessoa amada na cama, nem nosso próprio estilo com ela. Através do Caminho da Descoberta, aprendemos o jeito de tocar e de dar prazer, aprendemos a tentar várias idéias, a experimentar e a explorar. Depois de algum tempo, passamos a conhecer cada poro do corpo do nosso parceiro, a textura e o gosto da pele, o cheiro do cabelo, as curvas do corpo, os pontos de prazer específicos daquela pessoa. Passamos a conhecer as fantasias e os desejos do outro, e como realizá-los.

Algumas pessoas chegam a saber tanto sobre isso, que após algum tempo começam a achar que já fizeram de tudo. Suas vidas sexuais caem numa rotina, o sexo fica banal.

O Caminho da Familiaridade consiste em partir desse ponto para algo além.

Há um nível nas relações sexuais que duas pessoas só podem atingir depois de passarem muito tempo juntas. Este tempo não pode ser encurtado ou comprimido, só pode ser vivido. É o mesmo nível atingido por músicos que tocam juntos durante muitos anos e passam a ler o pensamento uns dos outros. Por mais talentoso que cada um deles seja individualmente, um grupo de músicos não irá soar como uma verdadeira banda se passarem muito tempo sem tocar juntos.

No Caminho da Familiaridade, cada parceiro dedicou seu tempo para treinar o outro. Quando você sabe exatamente do que seu parceiro gosta e ele sabe exatamente de que você gosta, o sexo certamente será bom.

Isso não quer dizer que todas as relações sexuais serão iguais e invariáveis. Usando a analogia musical mais uma vez, um grupo que toca junto há muito tempo pode ter um estilo inconfundível, mas também possui um vasto repertório de músicas e pode tentar novos arranjos. Nem todas são tocadas sempre, a lista varia de acordo com o clima do momento. E as melhores músicas nunca ficam velhas. Não importa quantas vezes elas são tocadas, continuam a proporcionar novas recompensas. É este o sentimento que Tsangyang Gyatso descreve quando diz: "Embora familiarizado com a pele macia / do corpo de meu amor, / não sou capaz de medir suas profundezas."

O Caminho da Familiaridade consiste em explorar continuamente essas profundezas. Mesmo que seu estilo de fazer amor seja sempre o mesmo, há inúmeras maneiras de transformar o familiar em novidade. Faça amor num lugar novo. Faça amor com uma roupa nova. Faça amor ouvindo uma música nova. Faça amor em outra hora do dia. Aprendam e descubram novas técnicas.

Cada momento é novo. *Nunca o vivemos antes e nunca o viveremos outra vez.* É familiar e desconhecido ao mesmo tempo.

Para levarmos conosco a sensação de "estranheza familiar", mantemos ativa nossa mente de principiante. Buda diz isso numa parábola sobre um homem fugindo de um tigre.

Na história de Buda, o homem foge do tigre até chegar a um precipício. Balançando-se num galho sobre a beira do precipício, o homem olha para baixo e vê outro tigre. De repente, dois ratos, um branco e o outro preto, começam a roer o galho.

Agarrando-se à vida, o homem vê um suculento morango ao alcance de sua mão. Ele o pega e o põe na boca.

"Como era doce o seu gosto!", diz Buda.

Quantos morangos aquele homem comeu durante sua vida? Depois de algum tempo, eles se tornaram tão familiares que ele perdeu a noção da doçura que existe neles. Mas a lição de Buda é perceber a suculência de cada morango e saborear sua doçura em todos os momentos.

Podemos ficar tão acostumados à beleza à nossa volta que não lhe damos o devido valor. Ignoramos a realidade de que o tempo está nos perseguindo como um tigre. Agora mesmo, neste instante, nossa distância da morte é um único acidente. *Issun saki wa yami no yo*, dizem os japoneses: "Uma polegada adiante e o mundo fica escuro como breu." Buda nos implora para que consideremos cada momento da mesma maneira – como se estivéssemos pendurados num penhasco – e que alcancemos aquele morango.

Viva assim e você irá saborear o gosto da pessoa que você ama.

Como diz o ditado zen,

Cada vez que você a vê,
Cada vez ela é nova.

O ditado tem sua origem num princípio essencial da cerimônia japonesa do chá chamado *ichigo ichie. Ichigo ichie* significa literalmente "uma vez, um encontro".

Aqueles que praticam a cerimônia japonesa do chá, ou *chado* ("o Caminho do Chá"), vêem nela um modelo para todas as relações humanas, tanto as românticas quanto as outras. Cada cerimônia do chá é um momento único no tempo que jamais será repetido. Ainda que as mesmas pessoas se reunissem no dia seguinte para repetir a mesma cerimônia do chá, elas estariam em um momento diferente no tempo. No zen há somente o *agora.* O passado nos ensina, mas já acabou, e o futuro é uma ilusão. Somente este momento proporciona uma chance para a iluminação. Se o deixarmos passar por estarmos presos ao passado ou preocupados com o futuro, deixaremos de usufruir o que ele tem a nos oferecer. Deixaremos de experimentar a dádiva do perfume, do calor e do sabor do chá.

O espírito do *ichigo ichie* é experimentar essa noite de relações sexuais, no momento em que ela acontece, em toda a sua dimensão. Qualquer que seja o grau de familiaridade com o outro ou com o ambiente, não ficaremos entediados se realmente prestarmos atenção. Agradeça pela satisfação que lhe é dada pela pessoa deitada ao seu lado. Preste atenção no momento, dizem os mestres do chá, porque não durará para sempre.

Ichigo ichie

Nenhum de nós sabe quanto tempo teremos aqui na Terra. Ainda assim, muitos de nós vivem como se houvesse tempo de sobra. Somos embalados pela autocomplacência, confundindo o familiar com o permanente. Pensamos que nada nunca irá mudar. Não obstante, o zen diz

Sentado imóvel, nada acontece –

Primavera chegando, capim crescendo.

Tente enxergar sob a superfície das coisas. Sinta a energia que faz o capim crescer sob seus pés. É a mesma energia que expressamos através do sexo, através de nosso próprio ser. Como poderia a familiaridade com esta energia produzir infelicidade ou tédio? Devemos ansiar por essa familiaridade íntima.

Quando vivemos com a idéia de *ichigo ichie*, vivemos no espírito dessa energia, amando a vida e o amor, aproveitando ao máximo cada relação sexual. Mesmo que nosso parceiro nos seja bastante familiar, devemos considerar cada noite no quarto como algo especial.

Não espere, faça agora. Se estiver aqui amanhã, faça outra vez.

Quando vivemos com a atitude de "uma vez, um encontro", nunca temos que perguntar "Para onde foi o tempo?". Nós sabemos.

O tempo passou enquanto fazíamos amor.

Quantas vezes você fez amor com seu amante?

Lembre-se de seus detalhes favoritos.

Então faça amor novamente,

De forma nova.

os sete caminhos do espírito

Este monge faminto que canta à luz do

lampião é Buda.

E ele ainda pensa em você.

– Ikkyu.

os caminhos da

Interação

Entrega

Nuvens

União

Liberação

Criação

Nascimento e Renascimento

o caminho da interação

Noite após noite nós dois, pombinhos aninhados
na prancha de meditar,
Envolvidos em carícias, conversas íntimas e o
êxtase do orgasmo.

– Ikkyu.

O Caminho da Interação consiste em compreender o dar e receber rítmicos que fazem parte de qualquer relacionamento – a interação entre yin e yang.

Yin-yang é um antigo princípio cosmológico chinês simbolizado por duas figuras fetais encaixadas, preto e branco. Juntos, yin e yang representam os pares de opostos que compõem nossa experiência do cosmo: macho e fêmea, vida e morte, amor e ódio, matéria e vácuo. No pensamento oriental há infinitos pares de opostos como

estes. Eis algumas das características comumente associadas a yin e yang:

陰
陽

Yin-yang

Yin	*Yang*
Fêmea	*Macho*
Suavidade	*Dureza*
Imobilidade	*Mobilidade*
Interior	*Exterior*
Escuro	*Claro*
Noite	*Dia*
Lua	*Sol*
Terra	*Céu*

Como dois amantes cujo ato sexual passa por diversas posições, yin e yang não estão estáticos e sim em constante fluxo e refluxo. Não estão separados, mas unidos. Opostos, mas ainda assim inter-relacionados. Um não existe sem o outro, e os dois compõem uma única coisa. "Oposições e diferenças definem e explicam um e outro", segundo o *Tao Te Ching*, "e seu equilíbrio dinâmico mantém a harmonia das coisas."

O sexo zen requer uma percepção da interação entre esses pares de opostos, pois eles moldam a forma como experimentamos o mundo, principalmente o sexo. Na verdade, o sexo pode ser a melhor maneira de se compreender a interação entre yin e yang. Nada ilustra com mais clareza a idéia de "os dois que são um e o um que é dois" do que um par de amantes enroscados, ambos completos em si mesmos, mas cada qual metade de uma unidade maior.

Para compreender a profundidade dessa interação, repare que, dentro do círculo de yin e yang, cada figura fetal encerra um pequeno círculo da outra figura. Em outras palavras, há círculos dentro de círculos dentro de círculos. Nada ou ninguém é completamente yin ou completamente yang. Todos nós temos um lado masculino e um lado feminino. Todos temos nossa origem num homem e numa mulher. Um lado pode parecer dominar o outro, mas é preciso sempre pensar que há um equilíbrio yin-yang mais amplo, assim como há também um mais restrito.

Se insistirmos, por exemplo, que todos os relacionamentos estão de acordo com o modelo macho-fêmea, não percebemos a imagem total de yin e yang. Todo relacionamento tem seu próprio equilíbrio de yin e yang, não apenas aqueles que são macho-fêmea, mas também aqueles que são macho-macho ou fêmea-fêmea. (Historicamente, o homossexualismo não possuía nos templos japoneses o mesmo estigma que na igreja ocidental e era aceito como um estilo de vida para os sacerdotes zen. Ikkyu menciona que suas primeiras experiências sexuais foram com garotos: "Este lindo... rapaz é como um galho de ameixeira", escreveu certa vez. "Se quiser conhecer esta flor, seja carinhoso.")

Um relacionamento entre dois homens pode parecer dois yangs sem um yin, mas, dentro do relacionamento, um dos parceiros pode ser mais feminino (yin) e o outro mais masculino (yang). Num nível social, o homossexualismo pode ser visto como um pequeno círculo dentro do círculo maior do mundo heterossexual – ou, em algumas comunidades, o círculo maior contendo um círculo menor de heterossexuais.

O Caminho da Interação é um fluxo constante como a maré que sobe e desce. Por este motivo, nunca atingimos um estado perfeito de equilíbrio entre yin e yang. Em vez disso, devemos buscar um processo ativo de *equilíbrio*, como amantes andando sobre o casco oscilante de um bote no mar. Através desse processo contínuo, seguimos o grande Caminho do Meio, que transcende os pares de opostos e nos leva à iluminação.

O Caminho da Interação consiste em harmonizar yin e yang dentro e fora: em nós mesmos, na nossa vida sexual e no mundo à nossa volta. A natureza em constante movimento do yin e do yang lhes dá um ritmo subjacente. O desafio é sentir esse ritmo e mover-se de acordo com ele.

Muitas vezes, alguém diz que não possui um ritmo natural, mas as batidas do coração dessa pessoa já são um ritmo. Assim como o pulso. O ritmo do yin-yang está dentro de nós, na inspiração e na expiração da nossa respiração, no balanço lateral quando caminhamos para a frente. Se formos procurar nosso ritmo natural, ficaremos fora de sincronia com nós mesmos, porque estaremos procurando algo que já temos.

Em japonês, a palavra para "ritmo natural" é *hyoshi*. Literalmente significa "palmas de criança". Todos temos esse senso inocente de ritmo dentro de nós, pois nascemos com ele. Quando o sentimos, podemos alinhar nosso ritmo com o ritmo do yin-yang à nossa volta: o ritmo da pessoa amada, o ritmo do dia e da estação e o próprio ritmo do cosmo. "O objetivo da vida", diz o mestre em mitologia Joseph Campbell, "é fazer com que sua pulsação se ajuste à pulsação do universo."

Hyoshi

Quanto mais vivemos em sincronia com o yin-yang, mais desenvolvemos um senso de cadência e coordenação. Aprendemos a estabelecer nossa própria cadência e não obedecemos a nenhuma outra. Aprendemos quando devemos ir mais rápido ou mais devagar num relacionamento, quando intensificá-lo ou rompê-lo. Aprendemos a criar uma tensão sexual através da duração do beijo, da duração de um carinho, de quanto tempo seguramos um orgasmo. Sabemos quando liderar e quando acompanhar, pois o Caminho da Interação requer familiaridade com ambos. Como dizem os mestres zen, *Ryusui saki o arasowazu*: "Riachos correndo não competem entre si." Flua com seu parceiro. Faça amor naturalmente.

O ritmo da interação não é algo para se pensar. Não pode ser conhecido através da mente. É preciso *vivê-lo* simultaneamente tendo e não tendo consciência dele. Quando a música soa perfeita, as roupas estão jogadas pelo quarto e uma luz suave realça o corpo da pessoa amada, não pensamos em ritmo. Somente quando o telefone toca ou uma palavra inadequada é dita num momento de sexo ardente é que nos damos conta do ritmo, pois ele foi quebrado.

Pessoas em sintonia com o Caminho da Interação irão reencontrar seu ritmo. As pessoas que não estiverem em boa sintonia perderão o momento e o clima. Para recuperar um ritmo quebrado é preciso ampliar seu senso de ritmo. Quando o fluxo em direção ao clímax for interrompido, procure não se frustrar: pense na relação sexual como algo mais amplo, saiba que ela será retomada em outro momento. Aprenda sempre com os acontecimentos e usufrua do que estiver ao seu alcance naquele momento.

Considere, por exemplo, o pensamento de um mestre samurai durante um duelo. Um principiante pode atacar, ser bloqueado e ter seu ritmo quebrado pelo oponente. Mas o samurai habilidoso mantém seu ritmo durante todos os bloqueios, porque cada golpe e estocada não é um movimento separado mas *incorporado a um movimento contínuo visando à vitória.*

Use esse tipo de pensamento para ampliar seu senso de ritmo na cama. Não deixe que uma interrupção durante o sexo quebre a inspiração definitivamente. Se você está se divertindo na cama numa tarde de domingo e alguém bater insistentemente à porta, mantenha aceso em você o desejo de chegar ao clímax – mesmo que o sexo só possa ser retomado horas depois. Use seus olhos, sua voz, suas mãos, seus pés nesse intervalo para lembrar a pessoa amada do que irá acontecer quando as visitas se forem.

Quando recomeçar o ato sexual, sinta o ritmo do yin e yang entre vocês e faça seu círculo crescer como uma só coisa.

o caminho do sexo zen

Siga seu amante, conduzindo seu amante.
Brinquem um com o outro.
Entrem e saiam juntos,
dois em um,
às vezes mais rápido,
às vezes mais devagar,
às vezes mais fundo,
às vezes mais forte.

Quem, ali, são dois?
O que é um?

o caminho da entrega

Ikkyu ainda canta todas as noites para si mesmo,
para o céu e as nuvens.
Porque ela se entregou livremente,
suas mãos, sua boca, seus seios, suas longas coxas úmidas.
– Ikkyu.

O sexo zen é simplesmente isso: amantes fazendo amor, entregando-se um ao outro, *querendo* entregar-se ao outro. Não retirando, não precisando, não sendo egoísta, mas com generosidade e devoção no momento do sexo. O desafio é manter esse espírito em todos os momentos de um relacionamento.

O Caminho da Entrega é baseado nas técnicas da cerimônia japonesa do chá, *chado* ("o Caminho do Chá"). Cada encontro para o chá é uma chance para que anfitrião e convidado estabeleçam uma comunhão na singularidade do momento. O anfitrião mostra ao convidado toda a sua consideração e o convidado retribui com gratidão. Dessa maneira singela, os dois criam uma harmonia entre si e, portanto, com o mundo.

Kokoro ire

Um dos princípios fundamentais do *chado* se aplica diretamente à entrega. Chama-se *kokoro ire*, ou "inclusão do espírito do coração". Simplesmente ponha seu coração em tudo o que fizer, dizem os mestres do chá. Não sirva o chá querendo impressionar os outros ou esperando algo em troca. Sirva seus convidados porque você quer servir, com um coração humilde e sincero. No *chado*, o chá mais requintado não é o servido pelo anfitrião em sua sala de chá cheia de ouro e brocados. O ingrediente mais importante, como em qualquer refeição, é a dedicação amorosa de quem a prepara.

Uma história envolvendo o mais famoso mestre japonês do chá, Sen Rikyu (1522-1591), ilustra bem o tema. É sobre um plantador de chá que certa vez convidou o grande mestre para tomar chá.

Tomado de alegria por Rikyu ter aceito o convite, o plantador de chá levou-o à sala de chá e lhe serviu a bebida. No entanto, devido à sua emoção, suas mãos tremeram e seu desempenho foi desastroso, deixando cair o coador e espalhando seu conteúdo. Os outros convidados, discípulos de Rikyu, disfarçaram o riso diante do desempenho do homem ao servir o chá, mas Rikyu disse, comovido: "Esplêndido."

No caminho de volta para casa, um dos discípulos perguntou a Rikyu: "Por que você ficou tão impressionado com um desempenho tão vergonhoso?" Rikyu respondeu: "Esse homem não me convidou querendo exibir suas habilidades. Ele simplesmente queria me servir chá de todo o seu coração. Ele preparou um chá para mim com enorme dedicação, sem se preocupar com imperfeições. Fiquei comovido com sua sinceridade."

Este é o caminho para uma realização mais elevada no zen: dar pelo simples prazer de dar. Às vezes, pensamos que um relacionamento requer muito dinheiro, uma bela casa, ou presentes caros. Mas o espírito de *kokoro ire* – a inclusão de todo o seu coração – nos faz lembrar que nada é mais importante do que o amor que dedicamos às pessoas com quem estamos. Toda pessoa é uma manifestação do espírito divino. Assim, para nos dedicarmos totalmente a alguém, devemos mostrar respeito não somente a essa pessoa, mas também à grande força divina presente em todas as coisas.

Às vezes, as pessoas fazem sexo por obrigação ou manifestando insegurança. O sexo não deve ser uma tarefa. Se você está fazendo amor enquanto pensa na roupa suja ou no que terá que fazer no trabalho amanhã, sua mente e seu corpo não estão unidos. Com uma atitude indiferente não vale a pena fazer amor. *Não se arraste pelo caminho.* Se é necessário arrastar seus pés, você está no caminho errado.

Além disso, não ceda a um desejo egocêntrico de provar alguma coisa na cama. Grande parte dos conselhos para aprimorarmos nossas vidas sexuais dizem respeito à técnica. São coisas do tipo posições sexuais para contorcionistas, como atingir o ponto G, cento e uma maneiras de se beijar. Não importa se um amante tem uma técnica fantástica. Se ele não entregar seu coração, o sexo logo ficará vazio, como uma peça encenada por atores. O *espírito* do sexo deve estar presente, o espírito da entrega. A técnica é acessório que pode ajudar, mas não substitui.

Da mesma maneira, evite se entregar com uma determinação excessiva. O bom sexo não resulta de tentativa exagerada. Relaxe e não se apresse. Como Rikyu diz do *chado*,

> *É bom que o anfitrião e o convidado se empenhem e conseqüentemente satisfaçam um ao outro. No entanto, não é bom que eles visem ao objetivo da satisfação desde o início.*

Tudo o que é preciso para ser um bom amante é um coração generoso. Se não houver muita técnica, ensinem um ao outro. Vocês irão aprendendo juntos e encontrarão o maior encanto nesse aprendizado.

Também não faça um estardalhaço sobre sua entrega, pois isso suscita sentimentos de obrigação ou reciprocidade. "Realize um bom trabalho em segredo", dizem os mestres. Este é o conceito japonês de *toku*, cuja tradução é "virtude", mas na prática significa "boa ação sem retribuição". *Toku* é como o amor que dedicamos a um recém-nascido. Enquanto o bebê cresce, ele desconhece nossos sacrifícios. Ele só sabe que é feliz, e nossa recompensa se encontra aí.

徳

Toku

Dê seu amor às pessoas de uma maneira que elas jamais saberão e você elevará o espírito coletivo da humanidade.

Não é preciso se preocupar em ganhar algo em troca, porque quando dois amantes fazem sexo, dar e receber se tornam a mesma coisa. Um amante está dentro do outro. A diferença entre dar e receber é insignificante. Nas palavras do filósofo romântico Kahlil Gibran (1883-1931),

O prazer da abelha é recolher o néctar da flor, mas é também o prazer da flor dar seu néctar à abelha. Pois, para a abelha, a flor é a fonte da vida e, para a flor, a abelha é uma mensageira do amor. Para ambas, abelha e flor, dar e receber prazer são necessidades e fontes de êxtase.

Quando você está verdadeiramente em comunhão com tudo, pode dar qualquer coisa, porque ainda terá tudo. Você pode abrir seu coração livremente e dar o melhor de si, porque o que há dentro de você é inesgotável. Os mestres zen dizem: "Havendo profundidade bastante, a fonte suprirá amplamente o riacho." Não importa o que dermos, sempre nos sentiremos recompensados, pois a fonte de nossa doação é ilimitada.

É a fonte do amor.

o caminho do sexo zen

Faça algo de bom para a pessoa amada em segredo,
algo que ela talvez nem note.
Nunca conte a ninguém.

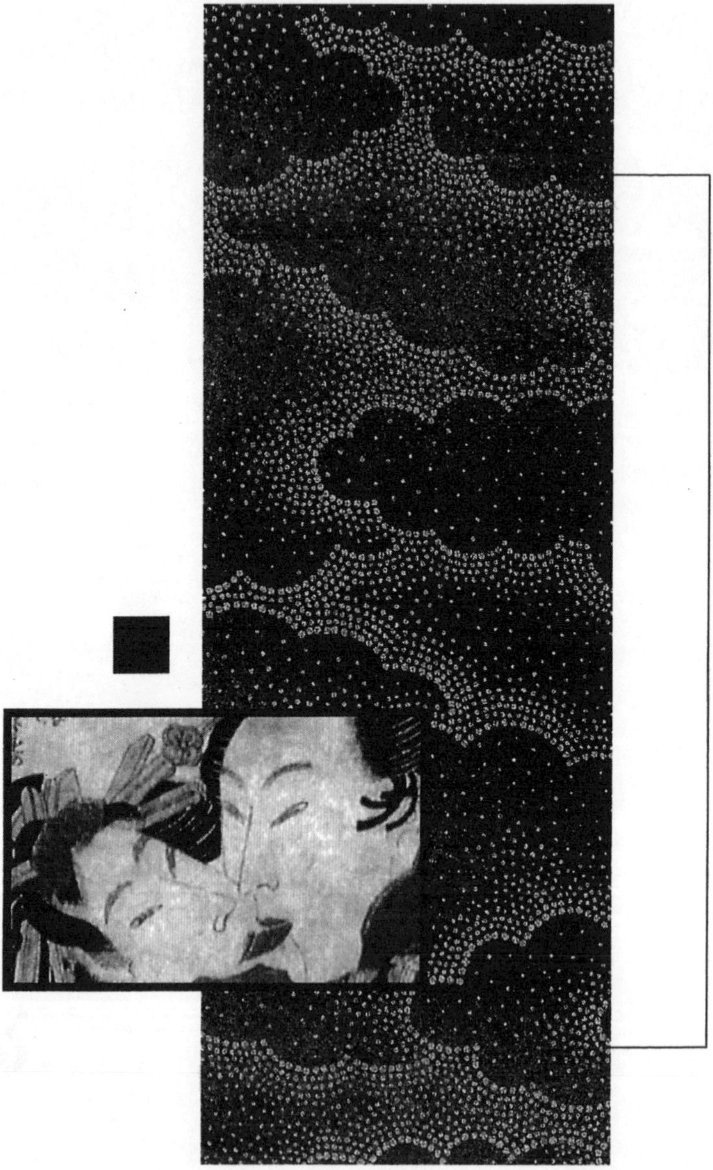

o caminho das nuvens

Abra sua mão,
Ela se torna uma nuvem;
Vire-a, ela se torna chuva.
Ditado zen.

Olhe para uma nuvem e você verá algo que no entanto não está lá. Você pode observá-la, mas não pode tocá-la. Ela tem forma, porém é amorfa. No zen, somos todos como as nuvens. Estamos aqui num momento, ausentes no instante seguinte. O Caminho das Nuvens consiste em conhecer esta verdade e aplicar seu espírito no sexo.

Os antigos poetas da China e do Japão usavam a expressão "nuvem-chuva" como uma metáfora para sexo. Para eles, nuvem-chuva simbolizava os céus fazendo amor com a terra. Ikkyu usou essa imagem várias vezes:

As "nuvens-chuva" das belas mulheres criam os rios mais profundos do amor.

A garota do pavilhão e este velho sacerdote zen cantam no andar de cima.

O próprio Ikkyu apelidou-se de Kyoun, ou "Nuvem Louca", para descrever seu estilo excêntrico e não-conformista de seguir o zen.

Unsui

Minha vida tem sido devotada ao jogo do amor;

Não me arrependo de estar emaranhado no fio vermelho da cabeça aos pés,

Tampouco tenho vergonha de ter passado meus dias como uma Nuvem Louca.

Ser como uma nuvem na cama, Ikkyu acreditava, representa o mais alto grau de arte sexual. É fazer amor leve e solto, completamente presente no aqui-e-agora. Ele enalteceu sua amante:

Sua boca brincava com meu sexo
Como uma nuvem brinca com o céu.

O Caminho das Nuvens consiste em reconhecer a natureza efêmera da vida e, assim, trazer esse caráter passageiro para sua forma de fazer sexo. A vida é curta. Nossa vida é apenas uma pausa.

Enquanto estiver aqui, faça amor como se não houvesse amanhã, porque no zen não há amanhã, somente agora. Ikkyu diz:

Uma breve pausa entre
A estrada imperfeita aqui e
O caminho perfeito ali:
Se chover, que chova!
Se for tempestade, que seja tempestuosa!

Como as nuvens, nós assumimos diferentes formas na vida: magros, gordos, delicados, fofos, roliços, ameaçadores, irritados. Conheça o espírito da nuvem majestosa que cobre uma vasta extensão do mar com sua sombra. A bruma que beija o vale com orvalho. A nuvem tempestuosa que faz chover forte nas montanhas. Tudo isso é o Caminho das Nuvens.

Sem nuvens, não há chuva.
Sem chuva, não há arco-íris.

o caminho do sexo zen

Deite na grama e observe as nuvens
Enquanto teu amante te lambe e te beija.

Deixe chover.

o caminho da união

Você, eu: quando realmente penso sobre isso

somos o mesmo.

– Ikkyu.

Em grande parte da mitologia mundial, o desejo pela união sexual é um desejo de plenitude. Segundo a lenda grega contada por Aristófanes no *Simpósio* de Platão, os deuses dividiram as criaturas em duas para que cada metade se sentisse incompleta sem a outra. A vida a partir daí é um processo de busca pelo par perfeito para que fiquemos completos.

Mas a filosofia zen nos ensina que somos todos inerentemente completos. Só precisamos acordar para esse fato. "Você tem seu próprio tesouro", disse o mestre zen Baso (709-788). "Por que procurar do lado de fora?" Nesse aspecto, o sexo é duas totalidades dentro de uma totalidade maior e não duas metades em busca de sua complementação.

O Caminho da União consiste em perceber nossa totalidade

Ryo bo

individual, relacioná-la à totalidade universal e ao mesmo tempo *dissolver* essa relação. Todas as coisas nesse universo estão unidas na fonte, dizem os mestres zen. Fundamentalmente, não há separação entre você e eu, matéria e espaço, céu e terra.

Ao mesmo tempo, no entanto, os mestres nos aconselham, em seu estilo tipicamente paradoxal, a nos deleitarmos com a variedade do divino. Delicie-se com o fato de que há mais de um tipo de relacionamento, mais de um tipo de amor, mais de uma maneira de amar alguém. Lembre-se essencialmente disso: todas as formas de amor provêm da mesma fonte. "O Uno tem incontáveis manifestações", dizem eles, "e o Múltiplo tem uma essência."

O Caminho da União consiste em expressar o princípio do Um ao fazermos sexo e em tudo mais que fazemos. Quando dois amantes percebem esse princípio juntos, criam uma totalidade maior do que a soma de suas partes. Surge então um elemento transcendental, uma realização do espírito divino que atravessa todos nós. Quando compreendermos isso, todas as nossas atividades diárias e os momentos isolados de nossas vidas começarão a formar uma totalidade única. Ikkyu diz:

Para nós, nenhuma diferença entre ler, comer, cantar,
Fazer amor, nem uma coisa nem outra.

Grande parte do tempo vivemos fora de sincronia com nós mesmos, nossa mente, corpo e espírito indo em diferentes direções. O zen nos desafia a nos unificarmos por dentro e por fora – viver como um em meio ao Uno. Penetre bem no fundo, dizem os mestres, e encontre aquele ponto de unidade onde todos os sentidos convergem. "Para compreender intimamente", diz o mestre zen Mumon, "é preciso ver o som".

Esta é a mente do principiante, a mente de um recém-nascido. Ao fazer amor dessa maneira, o sexo se torna pura sensação, onde o toque, o sabor, o grito da pessoa amada, tudo é sentido como uma coisa só. Estamos unidos a nós mesmos, a quem amamos, e ao espírito divino. Sobre isso, Ikkyu diz:

Você não pode ser ninguém a não ser você mesmo.
Portanto, você é aquele Outro que você ama.

Deixemos o Caminho da União nos lembrar da ligação inextricável entre nós e o Outro. Apesar de todo preconceito, ódio, desunião e divisão, todos nascemos da Grande Mãe e compartilhamos um sobrenome inominado.

Amantes do mundo, uni-vos.

o caminho do sexo zen

Depois de fazer amor,

Fique entrelaçada com seu amante por mais algum tempo.

Quando se separar, leve o Um com você.

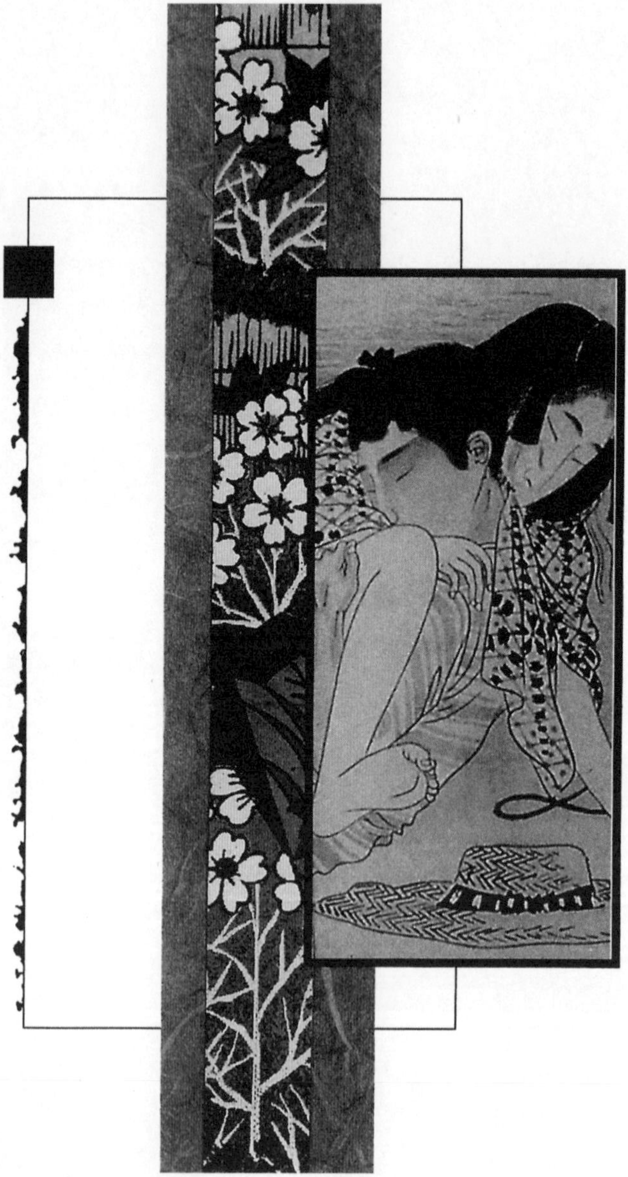

o caminho da liberação

Dentro do seu quarto, emoção para uma
torrente de poemas.
Entre as flores, cantamos e dançamos alegremente,
Brincando como patos mandarins –
Nosso jogo de amor eleva-se a alturas inimagináveis.
– Ikkyu.

Os princípios de yin-yang de tensão e liberação estão subjacentes a toda forma de arte dramática. A arte do sexo não é exceção. Brinque com o yin e o yang e acumule a tensão sexual até o ponto de ruptura. Quando o momento chegar, *libere.*

Um ótimo sexo é um completo abandono, deixando de lado inibições e constrangimentos e cedendo ao calor do momento. No zen, toda ligação deve ser deixada de lado: a ligação com o ego, o corpo, as posses, este mundo, até mesmo com a própria vida. Tudo isso é simbolizado no momento do clímax, quando dois amantes se liberam e experimentam a sensação de transcendência. Através do Caminho da Liberação despertamos para o poder divino dentro de nós e vislumbramos nossa condição simultaneamente mortal e imortal.

Deixe de lado até mesmo qualquer idéia de atingir o orgasmo. O sexo não deve ser norteado por uma meta. Os discípulos do zen que praticam em busca de transcendência descobrem que sua fixação na transcendência impede que eles a atinjam. É como buscar a felicidade como meta. A felicidade não é uma finalidade, mas o resultado de uma vida bem vivida. Tudo o que importa é o processo – o *Caminho.* "A prática por si só é iluminação", dizem os mestres. O resultado virá. Faça, simplesmente, e deixe acontecer.

Os franceses chamam o orgasmo de *la petite mort* – "a pequena morte". Neste sentido, toda liberação sexual é uma experiência do grande Caminho do Meio entre vida e morte. Em cada ato sexual nossa morte está implícita, mas há também o potencial para uma nova vida através da procriação e da chance para a iluminação. Como disse Ikkyu,

Os discípulos de Rinzai nunca captaram a mensagem zen,
Mas eu, o Burro Cego, sei a verdade:
O sexo pode torná-lo imortal.

O caminho para essa imortalidade é através da liberação – ou, na linguagem zen, através do "esvaziamento". Esvazie sua xícara, dizem os mestres, esvazie-a completamente. Não se prenda a nada. A doutrina zen está repleta de lições sobre liberação. Uma das mais famosas fala sobre um incidente envolvendo o mestre zen Tanzan e seu discípulo Ekido.

Num dia chuvoso, os dois homens encontraram uma bela mulher tentando atravessar uma estrada lamacenta. "Permita-me", disse Tanzan. Sem hesitar, ele pegou a mulher nos braços e levou-a para o outro lado da estrada.

Ekido pôs-se a pensar. Finalmente, naquela noite, aproximou-se do seu mestre. "Como monges, fizemos rigorosos votos ascéticos", disse. "Não devemos tocar no sexo oposto. Como você pode pegar aquela mulher no colo!?"

"Eu coloquei a mulher no chão do outro lado da estrada", disse Tanzan. "Você ainda a está carregando?"

Para Tanzan, Ekido não havia se liberado sob diversos aspectos. Ele havia se agarrado às regras e restrições de sua prática, deixando que elas orientassem suas ações ao invés de guiá-las. Ele ficara obcecado com a bela mulher e não conseguira libertar-se da raiva de seu mestre. Enquanto isso, Tanzan agiu naturalmente e espontaneamente no curso da vida. No seu caminho do zen surgiu uma mulher querendo atravessar uma estrada, e ele a ajudara. Depois de colocá-la no chão, retomou seu caminho, seguiu adiante. Como Ikkyu, a "Nuvem Louca", Tanzan transcendeu as regras de sua posição e, ao fazer isso, manteve-se fiel ao seu propósito. Ele sabia como e quando liberar.

Muitas pessoas se agarram a coisas na vida que as impedem de crescer – um emprego desinteressante, um amor não correspondido, celibato, um sonho irreal – quando chega o momento de desprender-se e seguir adiante. Nós nos prendemos a posições na vida da mesma maneira que nos prendemos aos bens de que gostamos. "Viver no mundo mas ainda assim não formar ligações com a poeira do mundo é o caminho de um verdadeiro aprendiz do zen", disse o mestre Zengetsu.

É muito mais fácil falar do que fazer, mesmo nos níveis mais elevados do zen. Próximo ao fim de sua vida, Ikkyu diz que simplesmente não pode desprender-se de seus desejos sexuais:

É muito difícil deixar de pensar no sexo frágil;

Embora meu cabelo esteja branco como a neve, os desejos ainda cantam em meu corpo.

Não posso controlar todas as "ervas daninhas" que crescem no meu jardim.

No entanto, os ensinamentos zen advertem até mesmo os mestres que se deixam apegar às coisas. Uma conversa entre o mestre Mu-nan (1602-1676) e seu discípulo Shoju (1642-1721) mostra como a prática zen deve continuar, mesmo à beira da morte:

Em seu leito de morte, Mu-nan chamou Shoju em seu quarto.

"Aqui está um livro", disse ele ao seu discípulo. "Ele foi passado de mestre para mestre por sete gerações. Eu também acrescentei vários pontos segundo minha interpretação. O livro é muito valioso e vou passá-lo a você para representar sua sucessão."

"Se o livro é algo tão importante, é melhor ficar com ele", disse Shoju. Mas o mestre insistiu e colocou-o nas mãos de Shoju.

Shoju aceitou o livro e colocou-o sobre a chama do braseiro.

"O que você está fazendo!", gritou Mu-nan.

"O que você está dizendo!", replicou Shoju.

Como dizem os mestres zen, quando o discípulo está pronto, o mestre aparece. No final, Shoju tornou-se mestre de seu mestre. Deixe-o ir, disse Shoju. Nada que é material dura para sempre, nem este livro nem este corpo.

Nós percebemos implicitamente a lição de Shoju a cada liberação sexual, a cada "pequena morte", que é um reconhecimento da impermanência da vida. O momento da morte é o clímax de todas as vidas. O Caminho da Liberação nos lembra que, ao atingir a liberação através do sexo, devemos também nos libertar de toda a vida. Esvazie-se de tudo e você será preenchido pela fonte de seu ser: Amor – infinito e inexaurível.

o caminho do sexo zen

No momento do clímax, libere toda a tensão sexual.

Para onde ela vai?

Siga-a.

o caminho da criação

O sexo entre o pai e a mãe produz a centelha da vida.

– Ikkyu.

Os japoneses têm um ditado, *Hotoke tsukutte tamashii irezu*: "A imagem de Buda foi feita mas não colocaram o espírito nela." É preciso colocar a própria alma ao criar uma coisa, a qualidade de *kokoro ire*, que é a inclusão do espírito do coração. Podemos esculpir um buda de madeira, construir uma mesa e uma cadeira, fabricar um carro, fazer dinheiro ou compor uma música. Mas quanto de nós mesmos colocamos neste ato de fazer? O que quer que façamos, devemos fazer o melhor que pudermos. Do contrário, o resultado será vazio, sem espírito.

O Caminho da Criação é fazer amor.

O que há de mais grandioso neste mundo do que fazer amor? Coloque o espírito de Buda, o espírito divino que há em você, ao fazer amor com a pessoa amada. Aí se encontra o verdadeiro clímax transcendental do sexo, quando sentimos aquele poder intenso do amor, a força da vida, manifestar-se através de nós e nos entregamos a ele.

Através do sexo, nos conectamos à longa linha de criação. Nossos pais nos criaram. Agora nós, como suas criações, criaremos a próxima geração de criadores. Quer tenhamos filhos ou não, o sexo nos conecta a esse processo. Ikkyu disse

O fio vermelho da paixão é infinito
Como a terra sempre sob meus pés.

Simplesmente faça *amor* no sexo. Isto é, crie amor e faça-o se manifestar no mundo. Faça isso e o amor será passado através de gerações. O modo mais óbvio é a criação de uma criança. Tantas crianças nascem neste mundo sem serem desejadas, tantas gestações abortadas. É melhor estar totalmente presente no momento de fazer amor, consciente do ato. Que espírito o esperma estará carregando? Que espírito estará carregando o óvulo? Coloque o espírito de Buda, o espírito divino que há em você, na criação de um pequeno buda, a fim de criar um novo espírito divino no mundo. Ikkyu, que teve uma filha com Lady Mori, escreveu sobre sua recém-nascida:

Mesmo entre as mais belas, ela é uma pérola preciosa;
Uma pequena princesa neste mundo infeliz.
Ela é o resultado inevitável de um amor verdadeiro,
E um mestre zen não se compara a ela!

Conceber uma criança não é a única maneira de fazer o amor se manifestar. Há uma grande quantidade de amantes que nunca terão filhos, mas ainda assim seu espírito divino passa através das gerações. Os mestres zen dizem que mesmo depois da morte somos capazes de transmitir uma sensação de *nyo zai*: "Como se alguém ainda estivesse presente."

As pessoas que têm grande influência em nossa vida – pais, família, amigos, professores e desconhecidos – continuam vivendo através de nós mesmo após a morte. Desse modo, eles "ainda estão presentes". Seus ensinamentos ficam vivos, seus sacrifícios continuam a exercer uma ação transformadora, porque nossas contribuições são transformadoras. Os mestres da doutrina zen, mortos há séculos, "ainda estão presentes" através de seus ensinamentos, nos desafiando a seguir em frente.

如在

Nyo zai

Através do Caminho da Criação nos tornamos cientes do amor que nos foi passado pelas gerações precedentes e legamos esse amor – aquela centelha de criação em nosso âmago – às gerações futuras. Dessa maneira, um único ato de fazer amor se irradia para o mundo à nossa volta. Quando as pessoas que tocamos, por sua vez, irradiam esse amor para outras, toda a humanidade se beneficia. A partir de um ato de amor, dez mil vidas sentem a bênção. Quando Lady Mori toca seu amante Ikkyu, isso traz ao mestre tanta alegria que até seus discípulos se beneficiam:

É sua liberdade que eu amo quando estou doente e ela
me deixa teso.
Dedos, lábios passeiam por toda parte, trazem felicidade aos
meus seguidores.

Amor gera amor. É este o Caminho da Criação. Como Lady Mori, faça o melhor amor que você puder, não com esforço, mas com *liberdade*. Seja o veículo que dá forma à energia amorfa. Sinta-a fluir através de você para os outros, para que eles também possam passá-la adiante.

Quando o ato sexual gera mais amor, lembramos da grande lição de Buda ao reunir seus discípulos para uma preleção e, sem dizer nenhuma palavra, erguer uma flor. Somente um dos muitos discípulos, Kasyapa, sorriu para demonstrar que entendera a mensagem do mestre: a verdade divina está aqui para ser compartilhada por todos.

Podemos descobrir a verdade em qualquer lugar: numa flor, no grasnar de um corvo, ou numa noite de paixão. A glória da criação é abundante e está em toda parte. Não há palavras para expressar o sentimento; nenhum pintor é capaz de captar sua grandiosidade. Como Buda erguendo uma flor diante de seus discípulos, não há nada a se dizer.

Apenas faça amor e observe o outro sorrir.

Lembre-se de quem fez você
E dos que vieram antes de você
E daqueles que vieram antes deles.

Todos esses antepassados estão dentro de você
Desde o início da criação.

Daqui a anos,
Dentro de quem você estará?

o caminho do nascimento e renascimento

Antes do nascimento após o nascimento

É onde você está agora.

– Ikkyu.

Quando os poetas da Ásia usam "nuvem-chuva" como eufemismo para fazer amor, eles o fazem sabendo que a imagem significa o ciclo do nascimento e renascimento: a nuvem faz chover, renovando os reservatórios de água. Essa água, por sua vez, evapora-se e forma novas nuvens, que outra vez cairão como chuva. Este é o Caminho do Nascimento e Renascimento.

Ao fazer "nuvem-chuva" com nosso parceiro, renovamos um ao outro. Difundimos um novo amor no mundo e passamos por nosso próprio renascimento espiritual. Dessa maneira, atingimos o local que os mestres chamam de "sem chegada e sem partida", ou "não nascido e não morrendo". O sexo se torna um meio de transcender a morte. Como diz Ikkyu,

É lógico: se você não vai a lugar algum,
Qualquer caminho é o certo.

No sexo não há lugar algum para se ir, a não ser estar exatamente aqui, exatamente agora. Tudo o que precisamos fazer é nos concentrarmos neste momento com a pessoa amada, sem egoísmo ou pensamentos. *Eu dedico cada poro ao que está aqui*, é o que Ikkyu diz. O resultado espiritual desse ato sexual irá se irradiar por muito tempo após a nossa morte.

O Caminho do Nascimento e Renascimento é melhor compreendido através de um ensinamento clássico do zen, "Jugyu-Zu", ou "Dez Desenhos de Pastorear Touros". Estes desenhos são muito antigos, embora sejam mais conhecidos numa versão criada pelo mestre Kakuan no século doze.

Kakuan dizia que não era suficiente que os discípulos do zen atingissem a iluminação. Era preciso saber *viver* na iluminação. Então ele recomendou que duas coisas fossem feitas depois que a iluminação fosse atingida: ver a beleza inerente de todas as coisas e se misturar com as pessoas comuns para trabalhar pela iluminação de todos os seres. No contexto do sexo zen, isso significa que devemos ver o caráter divino de todo amante. Ou seja, não apenas usar alguém para nos satisfazermos, mas nos conectarmos espiritualmente com essa pessoa. E devemos fazer amor de tal modo que isso espalhe alegria para os outros, o tipo de alegria que uma pessoa pode tirar do quarto e levar para a vida diária.

No estágio imediatamente seguinte à iluminação, diz Kakuan, devemos "retornar à fonte". Ele escreve:

De volta à origem, de volta à fonte, tudo está completo.
Nada melhor do que subitamente ser como cego e surdo.
Em seu retiro, ele não olha para fora.
Ilimitado, o rio corre livremente. Rubor que brota nas flores enquanto brotam.

Quando Kakuan diz "Em seu retiro, ele não olha para fora", está descrevendo uma pessoa iluminada olhando para o fundo do seu ser. Mas todos já tivemos essa experiência uma vez em nossa vida: no ventre. Encontrar a iluminação através do sexo é o mesmo que ser uma criança recém-concebida, é um retorno à fonte da qual nasce toda a vida. Aqueles que retornam a esse ponto vêem que "Ilimitado, o rio corre livremente. Rubor que brota nas flores enquanto brotam". Tudo é como deveria ser. A água corre. As flores florescem outra vez. A beleza de todas as coisas comuns e de todas as pessoas se irradia. Até o sexo "comum" sc torna cspiritual.

A mais elevada expressão da iluminação, diz Kakuan, é viver "no mundo". Ele descreve uma pessoa iluminada que transita entre as pessoas do mundo com "mãos que transmitem alegria":

Sem camisa e descalço, ele entra no mercado,
O rosto marcado de poeira e a cabeça coberta de cinzas,
Mas um sorriso poderoso se abre em sua face.

Não se importando em fazer milagres, subitamente árvores mortas brotam em flor.

Quem é essa pessoa?

É você. Somos todos nós. Ou pelo menos todos nós éramos essa pessoa ao nascermos.

Todos nós viemos ao mundo como aquele bebê, precisando de amor e cuidados para sobreviver. Nem todos recebem isso. Há pessoas que perdem este sentimento de alegria, o poderoso sorriso que vai de orelha a orelha, à medida que envelhecem e carregam as responsabilidades da vida adulta. Mas podemos nos tornar novamente aquela pessoa, renascendo através do sexo espiritual. Temos uma escolha para nos renovarmos, apesar do nosso passado. Aí se encontra a chave para o nosso renascimento.

Através do Caminho do Nascimento e Renascimento irradiamos alegria com cada ato de amor. Cada noite de paixão se torna uma oportunidade de elevar o espírito humano. Cada criança concebida se torna uma manifestação do nosso amor pela humanidade. Não se afaste do mundo em sua solidão. Não se esconda dentro do quarto com seu amante, com sua amada. Faça amor e leve esse amor para o mundo lá fora para fazer um novo amor. Aí se encontram seu nascimento e renascimento.

Se formos capazes de passar o verdadeiro espírito de fazer amor às futuras gerações, teremos cumprido nosso dever. Que isso seja nosso legado às crianças de hoje, e aos seus filhos, para que, tempos depois de termos morrido, aqueles que nunca nos conheceram possam sentir *nyo zai*: como se aquela pessoa ainda estivesse aqui.

E essa pessoa é você.

o caminho do sexo zen

De pequena semente e ovo
Você nasceu,
Recebeu um nome,
Foi alimentado,
Educado,
Até se tornar essa pessoa complexa
Que lê estas palavras
Neste momento.

De agora em diante
Faça Amor,
Renasça.

o caminho de fazer amor

Retorne à origem

Entre nu

Criador

Criado

Um sêmen

Um ovo

Um espírito

Um sexo

Deleite-se em seu corpo

Sinta sua superfície

Toquem-se livremente

Vivam seu amor

Siga sua lascívia até a fonte

Use sua imaginação

Vista o que seu amante aprecia

Toque sua música favorita

Siga o clima

Mostre seu astral no olhar

Abra a porta

Para seu quarto

Para o que está além dele

Convide seu amante para entrar

Deixe-se conduzir

Relaxe na tensão

Deixe a técnica de lado

Não se apresse

Não tenha medo

Deixe o amor chegar

Dê sem esperar algo em troca

Faça por querer

Coloque cada pedacinho de seu coração e alma

Ensine um novo prazer

Mostre o que deseja fazer

O que deseja que seja feito

Não tente

Faça

Use a sua boca

Em toda parte, de todas as maneiras

Saboreie o gosto

Respire profundamente

Encha o silêncio com gritos, suspiros e gemidos

Varie seu ritmo

Alinhe seu ritmo por dentro e por fora

Vá mais fundo

Solte-se

Divirta-se. Desfrute

Ria e brinque

Seja como um espelho perfeito

Refletindo a luz de dentro

Sob a lua

Sob o sol

Faça o primeiro movimento

Olhe dentro dos olhos do ser amado

Veja sua própria imagem

Uma nuvem

Flutuando

Cheia de chuva

Faça amor

Aqui

Agora

Em qualquer lugar

Uma vez, um encontro

Faça outra vez

Mais outra

E outra

Adormeçam juntos e felizes
Sonhando o sonho do sonhador que sonha

Hoje é seu aniversário

Acorde

Sobre as imagens

As imagens apresentadas neste livro são exemplos da arte japonesa conhecida como *shunga*, ou "retratos da primavera", que floresceu no início do século dezessete e se estendeu até fins do século dezenove. *Shunga* era utilizada para ilustrar romances, em pôsteres para decorar bordéis e como guia para jovens esposas e casais recém-casados.

Muitas das imagens aqui apresentadas foram gentilmente cedidas pela Ronin Gallery, uma firma de Nova York que negocia arte japonesa. Os responsáveis pela galeria observam que "praticamente todos os grandes mestres da época acreditavam que desenhar bem *shunga* era fundamental ao seu valor artístico e consideravam sua produção importante para o seu pleno desenvolvimento como artistas". Entre esses mestres incluem-se Kitagawa Utamaro (1753-1808), Katsushika Hokusai (1760-1849) e Kikugawa Eizan (1787-1867). Para eles, observa Ronin, "a sexualidade humana foi o ápice de todos os ciclos orgânicos, e estes delinearam suas características tão precisa e suavemente quanto delineariam qualquer aspecto do mundo natural".

Para uma história mais abrangente sobre *shunga*, visite o *site* da Ronin Gallery em www.japancollection.com ou vá diretamente à Ronin Gallery: 605 Madison Avenue, Nova York, NY 10022; ou através de *e-mail*: ronin@japancollection.com.

Imagens

Capa: Anônimo, c. 1930, propriedade do autor.

P. 8: Kitagawa Utamaro, c. 1788. Victoria and Albert Museum. Londres, Grã-Bretanha/Art Resource, NY.

P. 10: Anônimo, período Meiji, c. 1890. Ronin Gallery, Nova York.

P. 20: Anônimo, c. 1930, propriedade do autor.

P. 22: Atribuído a Hokusai, c. 1820. Ronin Gallery, Nova York.

P. 28: Atribuído a Harunobu, c. 1765. Ronin Gallery, Nova York.

P. 36: Atribuído a Koryusai, c. 1770. Ronin Gallery, Nova York.

P. 42: Anônimo, período Meiji, c. 1900. Ronin Gallery, Nova York.

P. 48: Atribuído a Eizan, c. 1820. Ronin Gallery, Nova York.

P. 54: Anônimo, c. 1930, propriedade do autor.

P. 60: Anônimo, período Meiji, c. 1890. Ronin Gallery, Nova York.

P. 66: Atribuído a Kikugawa Eizan, c. 1820. Ronin Gallery, Nova York.

P. 68: Atribuído a Katsushika Hokusai, c. 1820. Ronin Gallery, Nova York.

P. 78: Isoda Koryusai, c. 1770. Victoria and Albert Museum. Londres, Grã-Bretanha/Art Resource, NY.

P. 86: Anônimo, período Meiji, c. 1890. Ronin Gallery, Nova York.

P. 94: Atribuído a Eizan, c. 1820. Ronin Gallery, Nova York.

P. 102: Atribuído a Utamaro, c. 1795. Ronin Gallery, Nova York.

P. 110: Suzuki Harunobu, c. 1765. Art Resource, NY.

P. 118: Anônimo, c. 1930, propriedade do autor.

P. 126: Atribuído a Torii Kiyonage, c. 1780. Ronin Gallery, Nova York.

P. 128: Anônimo, c. 1930, propriedade do autor.

P. 136: Atribuído a Katsukawa Shuncho, c. 1790. Ronin Gallery, Nova York.

P. 144: Atribuído a Hokusai, c. 1820. Ronin Gallery, Nova York.

P. 150: Atribuído a Eizan, c. 1820. Ronin Gallery, Nova York.

P. 156: Anônimo, período Meiji, c. 1900. Ronin Gallery, Nova York.

P. 164: Utamaro, c. 1788. Victoria and Albert Museum, Londres, Grã-Bretanha/Art Resource, NY.

P. 170: Utamaro, c. 1788. Victoria and Albert Museum, Londres, Grã-Bretanha/Art Resource, NY.

P. 176: Anônimo, c. 1930, propriedade do autor.

Nota sobre as fontes

Os poemas de Ikkyu citados neste livro provêm principalmente de duas traduções: *Crow With No Mouth: Ikkyu, 15th Century Zen Master*, de Stephen Berg (Copper Canyon Press), e *Wild Ways: Zen Poems of Ikkyu*, de John Stevens (Shambhala). Ambos são altamente recomendados.

Para saber maiores detalhes sobre a vida e a época de Ikkyu, baseei-me principalmente em *Unravelling Zen's Red Thread: Ikkyu's Controversial Way*, de Jon Etta Hastings Carter Covell (Hollym International), um estudo abrangente que infelizmente está esgotado. Também me baseei na biografia de Ikkyu escrita por Stevens em Zen Masters: *A Maverick, a Master of Masters, and a Wandering Poet* (Kodansha International).

Outras fontes vitais na elaboração deste livro encontram-se na Bibliografia Selecionada, mas faço uma menção especial ao clássico de Paul Rep, *Zen Flesh, Zen Bones* (Anchor), por sua valiosa coleção de anedotas zen, e ao precioso, porém esgotado, *Tea Life, Tea Mind*, de Soshitsu Sen XV, por sua pertinência a todas as relações humanas.

Para observações mais detalhadas sobre as fontes, visite o *site* de sexo zen em www.zensex.org.

Bibliografia Selecionada

Berg, Stephen. *Crow With No Mouth: Ikkyu, 15th Century Zen Master.* Port Townsend, WA: Copper Canyon Press, 1989.

Campbell, Joseph, e Bill Moyers. *The Power of Myth.* Nova York: Doubleday, 1988.

Chopra, Deepak, ed. *The Love Poems of Rumi.* Trad. Deepak Chopra e Fereydoun Kia. Nova York: Harmony, 1998.

Cleary, Thomas, trad. *The Ecstasy of Enlightment.* York Beach, ME: Samuel Weiser, 1998.

Covell, Jon Etta Hastings Carter. *Unravelling Zen's Red Thread: Ikkyu's Controversial Way.* Elizabeth, NJ: Hollym International, 1980.

Deng Ming-Dao. *365 Tao.* San Francisco: HarperSanFrancisco, 1992.

Faure, Bernard. *The Red Thread: Buddhist Approaches to Sexuality.* Princeton, NJ: Princeton Univ. Press, 1998.

Fields, Rick, e Brian Cutillo, trad. *The Turquoise Bee: The Lovesongs of the Sixth Dalai Lama.* San Francisco: HarperSanFrancisco, 1994.

Franck, Frederick. *Zen Seeing, Zen Drawing: Meditation in Action.* Nova York: Bantam Books, 1993.

Gibran, Kahlil. *The Prophet.* Nova York: Alfred A. Knopf, 1923.

Grigg, Ray. *The New Lao Tzu.* Rutland, VT: Charles E. Tuttle, 1995.

Miners, Scott, ed. *A Spiritual Approach to Male/Female Relations.* Wheaton, IL: Quest/Theosophical Publishing, 1984.

Musashi, Miyamoto. *The Book of Five Rings*. Trad. Nihon Services Corp. Nova York: Bantam Books, 1982.

Myokyo-ni, Venerável. *Gentling the Bull: The Ten Bull Pictures, a Spiritual Journey*. Boston: Charles E. Tuttle, 1988.

Osbon, Diane K., ed. *A Joseph Campbell Companion: Reflections on the Art of Living*. Nova York: HarperPerennial, 1991.

Reps, Paul. *Zen Flesh, Zen Bones*. Nova York: Anchor Books, 1961.

Sekida, Katsuku. *Two Zen Classics*. Nova York: Weatherhill, 1977.

The Shambhala Dictionary of Buddhism and Zen. Boston: Shambhala, 1991.

Shigematsu, Soiku, trad. *A Zen Forest: Sayings of the Masters*. Nova York: Weatherhill, 1981.

Shimano, Eido Tai, e Kogetsu Tani. *Zen Word, Zen Calligraphy*. Boston: Shambhala, 1990.

Soshitsu Sen XV. *Tea Life, Tea Mind*. Nova York: Weatherhill, 1979.

Stevens, John. *Zen Masters: A Maverick, a Master of Masters, and a Wandering Poet*. Tóquio: Kodansha International, 1999.

__________, ed. e trad. *Wild Ways: Zen Poems of Ikkyu*. Boston: Shambhala, 1995.

Sudo, Philip Toshio. *Zen Computer: Mindfulness and the Machine*. Nova York: Simon & Schuster, 1999.

__________. *Zen Guitar*. Nova York: Simon & Schuster, 1997.

Sun Tzu. *The Art of War*. Trad. Samuel B. Griffith. Oxford: Oxford Univ. Press, 1963.

Agradecimentos

Agradeço com afeto a:

Minha mãe e meu pai, que fizeram amor e me trouxeram ao mundo;

Meus irmãos, Rich e Paul, nascidos do mesmo amor;

Meus antepassados, que me moldaram e continuam vivendo através de mim de formas que nunca saberei;

Meus amigos e colegas Herbert Buchsbaum e Steven Manning, que deram luz à idéia para este livro, cada um à sua maneira;

Minha agente, Laurie Fox, um anjo que transforma sonhos em realidade;

Meu editor, Doug Abrams, que soube ver onde estava o livro e me levou até ele.

Agradeço também a:

Renne Sedliar, por ter guiado o livro por todos os seus desvios e voltas;

C. M. Hardt, pela fundamental leitura inicial e pelo apoio;

May Egner, por todos os *insights* do projeto e pelo apoio;

Salvatore Principato, pela fotografia e pela colaboração quando realmente precisei;

Roni Neuer, da Ronin Gallery, por fornecer as artes-finais com tamanha generosidade.

E finalmente, e principalmente, a:

Naomi, Keith e Jonathan, sem cujo amor este livro jamais seria escrito;

E a Tracy –

Por todas as noites de "pesquisa";

Pela alegria de dormir junto a você;

E a felicidade de acordar

Ao seu lado.

Contato com o autor

O autor está aberto a comentários, perguntas e questões por *e-mail* no endereço:

psudo@zencomputer.com

ou via correio no endereço:

P. O. Box 385278

Minneapolis, MN 55438

Visite o *site* do sexo zen no endereço www.zensex.org

Leia o material sobre outros trabalhos do autor e junte-se a grupos de discussão nos endereços:

http://www.zenguitar.com

http://www.zencomputer.com

Conheça também os seguintes títulos da Editora Sextante

De Bradley Trevor Greive

– Um Dia "Daqueles" – Uma lição de vida para levantar o seu astral

De Richard Galli

– Salvando Meu Filho

De Gavin de Becker

– Como Proteger Seus Filhos

De Tom Shroder

– Almas Antigas

De Sylvia Browne

– O Outro Lado da Vida

De Allan e Barbara Pease

– Por que os Homens Fazem Sexo e as Mulheres Fazem Amor

De Shirley MacLaine

– O Caminho – Uma jornada do espírito

De James Van Praagh

– Em Busca da Espiritualidade

– Conversando com os Espíritos

– Em Busca do Perdão (acompanha CD com exercícios de meditação)

– A Força da Vida

De Leonardo Boff

– A Oração de São Francisco

– Tempo de Transcendência (acompanha CD com palestra do autor)

– Espiritualidade (acompanha CD com palestra do autor)

De Iyanla Vanzant

– Enquanto o Amor Não Vem

– Ontem, Eu Chorei

De Louise Hay

– Meditações para a Manhã e para a Noite (acompanha CD com exercícios de meditação)

– Meditações para a Saúde do Corpo e da Mente (acompanha CD com exercícios de meditação)

De Sharon Lebell

– A Arte de Viver

De Sua Santidade, o Dalai-Lama
– Uma Ética para o Novo Milênio
– O Caminho da Tranqüilidade
– Palavras de Sabedoria
– Minha Terra e Meu Povo – A autobiografia de Sua Santidade, o Dalai-Lama

De Salle Redfield
– Descobrindo a Alegria de Viver (acompanha CD com exercícios de meditação)
– Meditações Celestinas (acompanha CD com exercícios de meditação)

De Morrie Schwartz
– Lições sobre Amar e Viver

Do Dr. Brian Weiss
– A Cura através da Terapia de Vidas Passadas
– A Divina Sabedoria dos Mestres
– Muitas Vidas, Muitos Mestres
– Só o Amor É Real
– Meditando com Brian Weiss (acompanha CD com exercícios de meditação)
– Os Espelhos do Tempo (acompanha CD com exercícios de meditação)

De Richard Bolles
– Como Conseguir um Emprego e Descobrir a Sua Profissão Ideal

De Oriah Mountain Dreamer
– O Convite

De Elizabeth Kübler-Ross
– A Roda da Vida – Memórias do viver e do morrer

De Yitta Halberstam e Judith Leventhal
– Pequenos Milagres

De Patch Adams
– O Amor É Contagioso

De Domenico De Masi
– O Ócio Criativo
– A Economia do Ócio

De Richard Carlson e Benjamin Shield
– Os Caminhos do Coração

De Mitch Albom
– A Última Grande Lição

Informações sobre os próximos lançamentos

Para receber informações sobre os próximos lançamentos da Editora Sextante, queira entrar em contato com nossa Central de Atendimento, dando seu nome, endereço e telefone para:

Editora Sextante
Av. Nilo Peçanha, 155 – Gr. 301 – Centro
20020-100 – Rio de Janeiro – RJ
Tel.: (21) 2524-6760 – Fax: (21) 2524-6755
DDG: 0800-22-6306 (ligação gratuita)
E-mail: atendimento@esextante.com.br

Para saber mais sobre nossos títulos e autores, e enviar seus comentários sobre este livro, visite o nosso *site:*

www.esextante.com.br